常律法师

Master Chang-Lyu Say the Story

説故事

常律法師◎著

卷頭語

　　當今社會，隨著經濟與科技的發展，在處處機運之中，人們追求成功、追求跟上時代腳步、追求流行時尚，甚至於縱情享樂、聲色犬馬，忽略道德與良心的約束，逐漸忘記了最初的真心。

　　信仰是生命的一盞明燈，尤其是宗教信仰，一直是穩定人心的最大力量，指引著無數的迷途羔羊找到光明的道路。在生命的無盡輪迴中，宗教給了人們一個堅定的期待：今生種下善良的種子，來世必將收穫愛的果實。

　　宗教就像一條河，千百來以來，流過了歷史時空，流到現代並奔向未來，讓我們省悟生命的價值，啟示著我們放眼美好的未來。

　　在迷亂的年代，但願本系列書籍的出版能讓您找到自己的價值、找到心靈的平靜，並給您勇氣與信心。

【序文】

　　忝自出家至今，未曾撰述故事題材
之書籍，雖首次嘗試，多採東西方經典
名人故事，跳脫虛構之體裁，不單以佛
教為主體，貫古今中外，以正道心，提
振心靈，擴大視野，更了解西方人文思
想，以印佛法不離世間之道，彰顯佛法
之宏大，涵容入世出世等諸多義理，以
悟佛法之精粹。

　　願眾等能從故事中體悟處事為人之
道，以匡人心，去除不當之習，找回淳
樸自然天性，以長智慧，開發覺性，轉
換內在，不造諸業，並發菩提，造福群
生，是為所盼。

沙門　釋常律　西元2009年初夏

目錄

學佛修行，
要雕除不像佛的地方

師父於美國求學時，某日聽一位教授向同學講一個小小的故事，他說，有一天，他去拜訪一位專門雕刻人像很有名的雕刻師，他就問這位雕刻師，你為什麼雕刻人像，能雕得如此地精細傳神。

這位雕刻師有趣地回答教授說：「很簡單，只要將不像人的地方雕除掉，就可以雕刻出非常像人的人像。」教授聽雕刻師之言後，心若有所悟。

這位雕刻師，雕刻人像能如此地精細傳神，就是將不像人的部位修飾掉，就可雕出莊嚴、栩栩如生的人像。雕刻師所講的這番話，其實，有說等於沒有說，因為，大眾皆知，只要將不像的地方修飾掉，就可以雕刻出莊嚴美麗的人像，但問題是，我們如何將不像的部分予以修飾掉呢？就值得我們去省思箇中道理。

此道理反射到我們學佛者，其實，修行就應將隱藏在人心最深沉的原本不像佛性的部分予以修飾雕除，就能將我們身心雕修成像佛般的慈悲、智慧、覺悟、莊嚴與榮耀，我們才能與佛同在，將不像佛的那些貪、瞋、痴、貢高、我慢、邪見等等惡習雕

除掉，假使說我們學佛者，仍存有太多不當的思想、言語、行為，則離佛遠去，我們永遠見不到佛性與佛光，心靈將長久處在這種陰暗的牢獄裡，煩惱不斷，不見光明。

假使我們學佛之後，行不如法，言不及義，貪、瞋、痴、貢高、我慢、邪知、邪見、煩惱仍舊充斥於心，這些不像佛的部分還不予修飾掉，則根本就枉費學佛，我們永遠無法將你的心靈雕飾成像佛那般的莊嚴與威儀，慈悲與智慧，你們說是不是呢？

神父的無奈

　　有一家天主教會的對面，住了一對夫妻，太太是位虔誠的天主教徒，又是這家教會長年的忠誠教友義工，非常發心護持教會的傳教工作，這位太太一心一意想度他先生受洗信仰天主，但是無論太太如何說盡好話，他先生就是不受洗不信仰天主教，而神父也是一心想渡化這位先生成為天主教徒。

　　有一天，這位神父就到對面這對夫妻的家裡，想好好與這位先生懇談，希望他能受洗皈信天主，夫妻同修共進，這位先生就先請教神父一個問題，他問神父說：「我太太如此地發心去作教會義工，又布施捐助教會種種經費，死後是不是一定往生天堂？」神父以肯定口氣答說：「他太太死後定會蒙主寵召往生天堂。」先生再問：「若我受洗信仰天主後，發心成為教會義工，死後是否也會往生天堂？」「那肯定是的，夫妻一家人都可往生天堂，更是一件圓滿可喜的事。」

　　此時這位先生以堅定畏懼口氣回答神父說：「若真如此，那我就更不敢受洗信仰天主，往生天堂了，因我看我太太到了教會行作義工，態度謙恭有禮，講話柔和，行作義工用心努力，不辭勞苦，但是回到家裡，卻脾氣凶狠暴躁，講話威猛大聲，態度惡劣不恭，不易溝通又不講理，荒廢家事，環境髒亂，我若受洗信

12

仰天主，死後往生天堂，則於天堂天天要受太太的氣，我才不敢受洗信仰天主，死後往生天堂。」

　神父聽了先生這席話，兩手一攤，啞口無言，無奈一笑，抱著遺憾的臉色回到教會，從此不敢再度這位先生受洗信仰天主。

世界與中國歷史上 兩位最偉大的慈善家

中國最偉大的慈善家，宋朝宰相范仲淹

宋朝宰相范仲淹，他於〈岳陽樓記〉曰：「居廟堂之高，則憂其民；處江湖之遠，則憂其君。是進亦憂，退亦憂，然則何時而樂耶？其必曰：『先天下之憂而憂；後天下之樂而樂。』噫！微斯人，吾誰與歸。」

范仲淹自幼失去父親，生活艱困，長大求得功名，做到宰相時，本有優厚的奉祿，卻買了千甲的田地，名為義田，供給貧困的族人耕作，不令族人乞食市集，餓於荒郊，長期救濟許多的貧困民眾。遇到天災飢荒時，就將全部奉祿及倉庫的米糧拿出來救助貧苦飢荒的百姓，范仲淹他將一輩子國家所給的萬鍾俸祿全部捐獻出來救助貧困百姓，到臨命終時，竟身無分文，子孫無錢來料理他的後事，還要向人借貸。

范仲淹他教導子孫的就是這種「先天下之憂而憂；後天下之樂而樂」的大慈悲心，凡事都要先想到別人，先關心別人，再關心自己；先讓別人快樂，自己再快樂。這就是范仲淹之所以偉大的地方，真的值得我們學習效法。

世界為最偉大的慈善家，百年前美國鋼鐵大王安德魯卡內基

一九〇一年，世界首富的美國鋼鐵大王卡內基，他深信「財富的福音」，意指富人在道德上有義務將他們的錢回饋到社會上。他將一生全部巨額財產99%捐做社會慈善，只留有1%財產股票給他的子女，他在全美國建造兩千多所公共圖書館及一千多所公園。創辦了卡內基財團法人，宗旨幫助大學及其他學校建設研究經費。創立一個專為老師而設的退休金基金，為鋼鐵工人設立一個救濟養老基金，當時卡內基一生所捐出的金額為四億美金，約今天四百億美金。

卡內基說過一句話：「對金錢執迷的人是品格卑賤的人，若我一直追求能賺錢的事業，有一天我將會沉淪下去，將來我若獲得某種程度的財富，我將全部投入到社會福利上面。」

留財於子孫，子孫未必能守，留德於子孫，可庇蔭代代子孫

　　中國的范仲淹，美國的卡內基，兩人的偉大慈悲精神，著實值得全天下身為中國人父母們省思學習的人生重要課題，定要打破中國人千年來財產要遺留子孫後代的迷思，免生遺憾悔恨，應學習拒作可憐的父母，將財產奉獻於慈善，廣利眾生，切勿再遺留子孫，應留德於子孫，共同創造更溫馨祥和的人間。

　　中國父母一生養育子女，可謂備極辛苦，縱使兒女不孝，也要將全部財產遺留子孫享用，一旦自己往生，不幸墮入陰司地府或地獄、餓鬼、畜生三惡道受苦，兒女卻不捨布施、不願行作功德或誦經超渡你父母亡靈脫離惡道苦痛之時，方知後悔又痛苦不堪！

　　父母往生出殯不到三個月，現代的子孫們早將父母形相恩德，就此忘得一乾二淨了，中國人的父母們，不要再笨了！要覺醒啊！

　　切記在世時要多為自己累積功德，布施行善，要學學洋人父母的智慧，死後將全部財產捐給教會或慈善機構，不願留給子孫去享用，好為自己將來升天或往生西方極樂世界作準備，萬萬不可將全部財產遺留子孫啊！免死後悔恨，無法自救，害了自己萬生萬世輪迴於惡道或六道生死苦海當中，受苦無量無邊，出脫無期！

世上有兩事可後悔
但無法彌補

　　這個世間上有兩件事情，你可後悔但卻無法作彌補的工作就是：

一、父母在世時不知行孝，等父母往生後方知報孝，可後悔但無法彌補行孝道。

二、人命在世時不知行善，等人命臨終前方知行善，可後悔但無法彌補行善道。

兇惡殺人的黑道大哥，亦可後悔而行彌補救贖的工作

　　台灣有位基督教牧師，名聞美國，此牧師曾為竹聯幫堂主，殺人被關進監牢又逃獄，被抓回入牢，前後關了十多年，於牢中受其妻感化而信仰基督，出獄後，懺悔過去，並奮發圖強，讀書進修，終獲得雙博士學位，為感念耶穌的救贖之恩，發願終身奉獻主耶穌，成為一名基督教牧師，傳播基督福音，感化無數惡行青少年改邪歸正，觀其一生故事波折離奇，甚為感人。美國好萊塢某大電影公司欲將其一生故事拍成電影，教化世人。縱為無惡不作的殺人黑道大哥，亦可懺悔而可行作彌補贖罪工作的真人實事。

師父，我病若好起來，定要跟隨師父出家

正德醫院高雄總院有一長期發心義工之同修丈夫，偶爾見面，師父常勸其發心學佛或至佛堂參加共修，皆推託工作忙碌，某日忽罹患肝癌末期，病危住院，懇求師父前去探望開示，見其全身插管不能言語，僅能以顫抖的手寫字，以表達心意，一見師父甚為激動，久久握住我的手掌而不放，吃力地寫一張紙條呈師父參閱，紙條上寫著：「師父，我病若好起來，定要跟隨師父出家。」

當我看到這幾個歪斜不正的字，不禁掉下了眼淚，感嘆多數

眾生，為何一定要等到死到臨頭時，才知學佛修行呢？為何師父平時的諄諄告誡都聽不進去呢？徒呼奈何啊！

行孝要及時，行善要及時，學佛更要及時，免生後悔

師父俗家父母在世時，子女皆不在身邊盡孝道，皆忙於工作事業，平時不聞亦不問，等父母病危時，送進加護病房，子女們方頻頻進入病房探望關心，欲與父母言談，但父母全身插管，卻無法開口言語，只能以眼神動作答話。

想想現代兒女們，為何父母健在時，平時不常探望關懷，俟父母病危時，方知關懷探望，但為時已晚矣！行孝報恩不及時，更待何時？悲哉！哀哉！

又觀現代之眾生，為何身體健在時，平時不願行善學佛，等身體病危時，方知行善學佛，但為時已晚矣！行善學佛不及時，更待何時？悲哉！哀哉！

正德佛堂觀世音菩薩靈感事蹟

孩子腦部開刀昏迷不醒，超拔之後清醒，家屬感謝菩薩救命

人生不如意之事十之八九，千百人有千百種苦，苦苦盡不相同。有很多的信眾在煩惱、痛苦，而又求助無門的情況下，都會來到正德佛堂祈求觀世音菩薩能夠指引迷津，化解心中的苦難。在此舉個案例和大家分享：

某天有位信眾的家屬經義工介紹，匆匆忙忙來到正德高雄總院要來請示觀世音菩薩，因為她的兒子在外工作無緣無故從一樓高的地方摔下來，經送急診室急救，醫生觀察後馬上決定要腦部開刀，但手術後仍一直昏迷不醒，情況不樂觀，家屬非常憂心煩惱，特地來祈求觀世音菩薩護佑，讓她的孩子能夠早日清醒過來。

請示菩薩結果，除因果業力和自己不小心外，還有現世外祖父、冤親債主等二種對象在干擾，外祖父要求在佛堂立一年度的牌位，而冤親債主部分要超拔七個對象，誦阿彌陀經、往生咒、普門品迴向，捐助袈裟一件。

　　如此，家屬用心努力配合完成菩薩所指示的功課，將近過了十天之後，病患終於清醒了，且意識也非常清楚，因此家屬非常感激正德觀世音菩薩的靈感加持。

境教之重要性

　　數年前，師父曾聘請一位加拿大洋人的老師，擔任師父侍者司機約一年多，本欲跟隨師父出家，因緣不具足而作罷，他畢業於加拿大一流大學，來台灣教書十年，本是溫文儒雅，來台灣住久了，生活習慣被台灣不良的境教同化了，開車也跟台灣人一樣勇猛，師父取笑他是十足台灣人，不像一位洋人，可見境教之力量，及環境的教化感染力量，誰都無法矜持不被同化的。

　　美國行為主義心理學 behavioristic psychology，創始人華生（Watson），談到境教之教化力量，可主宰人類的一行為。何謂境教：

　　俗云「言教不如身教，身教不如境教」，而所謂境教，即是集眾人身心和合所創造出來的優質人文環境，而能快速有效地達到教化力量。境教於教育心理學而言，名為行為主義心理學，即藉由優質的人文環境所形成的優良社會風尚力量，而能迅速有效地去改造一個缺陷的人格，即刻昇華為優質的人格素質，達到教育目的。

　　行為主義者對人性的解釋，認為人的一切行為都是由外在環境因素決定的；人的反應係由環境中的刺激所引起，而對刺激反應的後果，又將決定後續的反應，解釋人的行為，不但將人類複

雜行為簡化,且只是被動的向環境反應。

而人類的一切行為其構成的基本要素,是反應一切行為的表現,只是多種反應的組合,該等反應全都是個體在適應環境時,與其環境刺激的關係,經由經典條件作用的學習過程所形成的。

(經典條件作用就如進入日本,就不知覺地走路很快、九十度鞠躬、謙恭有禮、守秩序環境清潔;進入台灣不知覺地就開車不禮讓行人、不守秩序、無公德心、環境髒亂)

假使每個人能擁有守法守戒、謙恭有禮、積極熱誠的素養,則社團無需開辦各種心靈課程,無論任何人當下即被這股優質團體風尚的境教所薰陶感化,身心將即刻迅速地被改造成為優質的人格素養。

境教確實能迅速有效地達到驚人的教育改造成果

境教能迅速達到教育改造效果,如同國人一旦出國下飛機進入歐美等國家,立刻從一個不守法、不守交通秩序、不禮讓、無公德心的人,轉變成一個守法、守交通秩序、肯禮讓、有公德心的人;又如同國人一旦進入日本國家,立刻從一個不守法、傲慢、無禮、不服從、姑息的人,轉變成一個守法、謙恭、有禮、服從、積極的人,這就是境教不可思議的感化力量,顯而易見,可謂不教而教,不化而化的最佳明證,這種經驗的體會,身為歐美日國家的台灣移民最為深刻,這就是境教能迅速地達到教育改

造的驚人效果。

師父經常看見，昨天在國外還是一位台灣優質的移民或旅客，今天一旦下了飛機回國後，又立刻變成一位不守法、不守交通秩序、無公德心、不禮讓、傲慢的劣質的國人了。更足以證明境教那種潛移默化的驚人教育力道。

優質的境教，建立於法理情之上

歐美洋人及日本人優質的人文境教是完全地建立在法、理、情之上，凡事，先講法理，不講人情關係，是以理性來對治處理人事物問題，故能建立一個優質、守法、秩序、禮讓、公德心的境教環境，故街上難看到警察，但人人皆是警察的可貴現象。

而中國人劣質的人文境教是完全地建立在情、理、法之上，凡事，先講人情關係，再講理法，是以感性來對治處理人事物問題，卻建立一個劣質、不守法、不守秩序、不禮讓、無公德心的境教環境，是令整個社會道德墮落沉淪、動盪不安的最大濫觴，故街上處處是警察，而人人皆是怕警察的可嘆現象。

希望大家勿踐踏污化自己的國家，不要到了國外居住，就立刻變成一位守法、禮讓、公德心的人；而一回國居住，又馬上轉變成為不守法、粗魯、無德心的人，願大家為這塊鄉土共同創造一個優質的人文境教環境，改造自己，提昇下一代，勿讓國際將我們視為三等國民。

正德醫院溫哥華分院，一位皈依的洋人大學生之無奈

　　正德佛堂，正德慈善醫院溫哥華分院有一位洋人大學生，某日參加皈依法會，皈依後，他用疑惑的口語請示師父說：「為什麼一樣的人，卻有不同的命運呢？令我百思不解。」他說，他很羨慕移民到溫哥華的台灣同學，他們好幸福，每個人都開著高級轎車上學，身上擁有信用卡好幾張，手上戴著昂貴手錶，住著豪華漂亮房子。

　　他問師父說：「同樣是一個人，為什麼台灣來的孩子，都那麼的幸福，無論食衣住行用物，父母親都買最高貴的供給孩子使用，給孩子那麼多的零用錢。他說他好羨慕哦，很想認一對有錢的中國父母為乾爹乾娘。」

　　我當時聽他如此無奈地訴說，頓時感覺好難過，洋弟子又說，他們洋人的孩子很獨立，十八歲一定要離開父母及家庭，自己單獨到外去打工討生活、租房子、繳大學學費。像他每天都利用晚上到附近的加油站打工，白天上大學讀書，然而他的台灣同學，下了課之後，都不用去打工賺生活費，吃好穿好車好，享受高級物質生活，真羨煞人。他們洋人孩子都要一邊打工一邊讀書，無錢買車，坐巴士或捷運上課，有時還得休學一年半載去外

頭工作，存點小錢，故大部分洋人學生都要花上六年以上時間才能讀完大學，因中間要休學，全天工作，積點錢再回學校讀書。洋人到了十八歲，若還跟父母住在一起，不搬出去獨立生活的話，會被人家瞧不起。

　　不像台灣人孩子，到了十八歲或到了三十歲，還住父母親家，乃至結婚生子了，還要依賴有錢的父母親的經濟支援，很不獨立。所以他很羨慕台灣移民的同學，說好幸福哦！他好羨慕哦！

師父向他開示言：「這種事是一體兩面的事情，你看他們是幸福，其實，未來這些有錢人的孩子因為缺乏獨立性、競爭力，以後他到了社會就無法與人家競爭，他的人生各方面成功的機率很渺小。雖然你們洋人的孩子，從滿十八歲就要離開父母家庭，自己要奮鬥獨立、自己要養活自己，半工半讀討生活；但是你們從十八歲就開始養成這種獨立自主的能力，所以，你們大學畢業之後，出去社會你們擁有競爭力、忍受力，從事人生各方面的工作事業，成功機率較大。」

台灣人多數有錢人的孩子，因長期依賴父母親的支助，養尊處優，缺乏鬥志競爭力，抗壓性不夠，稍微一個挫折打擊，他就顛倒，無法成就，甚至懷憂喪志，自暴自棄，前途暗淡無光。

溫哥華多數移民到那邊的孩子，家庭都是富有人家，父母將孩子移民至國外讀書生活，買漂亮的房子供孩子住，買高級的車子供孩子開車上學，給孩子很多零用錢及信用卡，造成在國外的台灣移民孩子，依賴性過重、玩性太重，在校成績普遍不佳，連當地大學都擠不進去，都得回國進修讀書。這款孩子們，未來進入社會，必成為一群無法抗拒社會競爭的洪流的邊緣人，勢必會被淘汰出局、無所事事。所以很多事情，目前看是幸福，其實是一種傷害，是一種毒化孩子天生能力的腐化教育，實為不幸，師父有句法語：

人若長期處於安逸享樂的環境，則意志消沉，懈怠消極，不

知長進。

人若長期處於困苦艱難的環境，則意志堅強，精進積極，肯知上進。

所以，師父在此奉勸台灣的父母親，不要過度疼愛我們的子女，要給子女一個艱苦的環境空間，讓他去磨練自己的意志與耐苦抗壓力，調適提昇自己的競爭力跟奮鬥力，將來才有辦法打出自己的一片天，開創自己的美麗人生。否則，因你現在一味地過度呵護照顧你的孩子，將來勢必造成孩子成為一位無用之人，也許將花盡你一生辛苦的積蓄與財產，正吻合中國古人所言，富不過三代的泥淖深淵裡，將來後悔傷痛的終究是父母，痛苦難過的卻是孩子，可不戒慎乎？

請台灣父母們要放聰明一點

師父很感慨地說，我們中國的父母一生養育子女其實是備極辛苦，無論什麼好吃好穿好用的，任何一件美好的東西，都要留給自己的子女去享用，乃至全部財產也都留給子孫享用，怕他們受苦受難，乃至縱使兒女不孝，父母親也要將全部的財產遺留給子孫享用。一旦自己不幸往生了，墮入地獄後餓鬼畜生三惡道去受苦時，陽世的兒女卻捨不得布施，不願行做功德或請師父誦經超度父母的亡靈，脫離惡道之苦。

身為現代父母，不要聰明一世糊塗一時

在這個時刻，當你在三惡道受苦時，方知後悔又痛苦，又能奈何？師父常看到現代很多家庭的子女，父母親往生出殯不到三個月，子孫們早將父母的形象恩德忘得一乾二淨，不會去感恩。父母親留下豐厚財產給他們享用，兒女根本不會去感念；子孫認為父母留財產讓他們花用是理所當然，你不留給他們，難道你要留給路邊的陌生人嗎？你又帶不回陰間去，所以，你留再龐大的財產給孩子們去享用，你往生之後，不到幾個月時間，兒女早就將父母忘得一乾二淨了。

所以中國人的父母，不要再愚癡了，要覺醒哪！切記在世時，要多為自己累積功德，常布施行善，將來命終之時，方得往生天堂或西方世界。佛在《阿彌陀經》言：「假使命終欲往生西方世界，無有大福德因緣，是不得往生彼國。」

我們當要學習洋人父母的智慧，身前就將全部的財產捐給慈善機構或是教會，只留給子孫極少數的財產，我們要早做這方面的準備，萬萬不可將全部的財產遺留子孫去享用，去斬斷孩子們的奮鬥力與競爭力，害自己命終後無法自救，將自己推入萬劫不復的六道輪迴深淵裡受苦受難，出脫無期，既可憐又可悲啊！在世為人要有智慧，要有理性去面對各種人生不知無明的道理，命終不致遺憾又懊悔。

華裔美國人李昌鈺博士
一生的成功故事

　　舉世聞名的美國犯罪偵查家李昌鈺博士Dr. Henry Lee，他畢生致力於鑑識科學，就是調查破解犯罪的動機證據，他曾破解許多美國著名而且很難破解的這些案件，而聞名全美國，他以協助社會找回正義為他工作的樂趣。

　　李博士在鑑識科學這方面的領域可謂享譽全球，他是華人移民美國成功的故事，李博士畢業於台灣中央警察大學，在二十二歲那一年，他就已經成為台北市警察局有始以來最年輕的隊長，嶄露頭角，在一九六五年他赴經美國求學，求讀鑑識科學的學位，畢業後在紐約大學又攻讀生物化學博士的學位，幾年之後，他投入美國警界工作，因為屢破奇案，被聘為美國康乃迪克州的州警察局長，為全美國唯一華人的州警察首長，名聲遠播，為華人爭光。

　　李昌鈺博士目前是擔任康乃迪克大學鑑識科學的教授，他曾經協助警方偵查世界各國很多起犯罪的案件，也曾經參與了約翰甘迺迪總統暗殺案的調查工作，在一九八六年李昌鈺博士甚至偵破了一項最棘手的康乃迪克州的謀殺案，讓他的名聲更加遠播。

　　李博士在一次的電視訪談當中提到「你必須運用邏輯思考，需要有好奇心，你才有辦法做好這一份科學鑑識工作」，他說：「堅持到底，以及不受公眾意見影響也是科學辦案必要的條件。」以鑑識科學做為終生志業的李博士又說：「你不會像NBA明星球員那樣的富有，雖然薪水很少，即便如此，這個工作既有挑戰性又有意義，可以找回社會的正義，很值得。」

　　雖然，李博士他的聲譽卓著，他仍舊不忘過去卑微的出生，他談到他前來美國的時候，身上只帶了五十元美金，就來到這個國家，那時候甚至還不會說英文，他給大家的忠告是：

　　「努力並堅持到底要做正確的事情，做正確的判斷，別讓任何一件事迫使你去做不道德的事情。」

　　李博士也談到一個人對事情的態度的重要性，即他所謂的贏家風範，他認為：

　　「一個贏家會主動幫助別人，人有必要為解決社會問題而負起部分的責任。」

　　「一個贏家承認許多事情都很艱難，但是相信，凡事都有可能成功。」

　　這就是他一向堅持的人生理念，他過去如何的竭盡所能的甚至一天工作二十小時，以及投入在研究及課業當中，李博士成功

人生的例子，證明一個道理，危機阻礙都是可以克服的，即使最困難的問題或是迷團都能夠被解決，面對人生不可能的挑戰，即可創造奇蹟式的人生。就如同英文名言：

It's never too late to be what you might have been.

你永遠有機會成就你自己。

Whatever you think you can or you think you can't, you're right.

人的成功與否，只在一念之間。

所以，從李昌鈺博士的身上，我們可以學到一個人生的哲理，只要你認為對的事情，你就要堅持到底去完成它，再大的困難，再大的挫折，再大的打擊，你都可以克服，千萬不要被眼前的障礙困難打倒，一定要堅持到最後一刻，因為，成功終究屬於能堅持到最後一刻的人，屬於能忍受最大壓力打擊的人。

而且，我們更要學習李昌鈺博士所說的那種贏家的風範，就是每一個人都要有義務與責任去解決社會所衍生出來的問題，也就是社會的安定問題，這是每一個生活在這一塊土地的人，都必須要共同關心，必須共同承擔的義務，而非每天只關心自己的家庭、孩子、工作、事業，等到有一天社會發生了動盪不安的情況，治安敗壞、道德墮落，受害的究竟是我們的家人兒女。

　　我們更要呼應李昌鈺博士所說的「一個贏家的風範」，你必須要隨時隨地主動去幫助別人、關心別人、解除別人的痛苦，就如我們佛家所講的，我們應懷有「無緣大慈，同體大悲」的慈悲精神來對待眾生，隨時展現你的愛心與力量，去關懷協助所有受苦受難的眾生，走出痛苦的陰霾，讓他們離苦得樂，你才具有贏家的風範，大家共同發揮同理心、愛心、慈悲心，隨時關懷社會種種問題，我們同心協力來解決它，讓我們的社會邁入一個更安樂的環境，你我大家都有福。

　　所以我們從李昌鈺博士一個華人在美國成功的故事，可以學習了解很多做人處事的道理，將這些道理應用在我們的人生，相信你我他，每個人的人生必定是光明幸福的，你說是不是呢！

正德義工罹患癌症
被家人遺棄的可憐故事

正德醫院高雄總院有一位義工李老師,是位國小老師,護持正德多年,特為發心。某日,她突然罹患癌症,身體虛弱,四肢無法自理,行動不便,她先生竟不顧多年夫妻之情義,硬將她送到這個老人院居住安養。

有一天,師父到老人院去看望她,她就跟師父抱怨說,她先生不顧夫妻之情,自從她罹患癌症第三期,身體行動不便,先生就置她不顧,將她送到老人院來照顧。她向師父言,現在的老人院等於是地獄院一樣,外面的人都不知道院內老人的實際生活情況,因現在老人院,家家人滿為患,又請不到照護的人員,導致一位照護人員要照顧七八個老人,用餐吃飯時,一支湯匙要餵食七八個老人的口,造成老人吃飯時,無法細嚼慢嚥,又因餵食時間長,飯菜變涼,造成老人多數罹患慢性胃腸病。(這種情景,師父於現場親眼目睹,真實不虛,多位老人也向師父如此地抱怨投訴)

多數老人家都膀胱無力尿失禁,大小便要有人隨時服侍;一位照護人員,同時要替換多位老人的紙尿褲,老人大便時,又得為老人清洗屁股,因費時又費力,常有老人因等換紙尿褲或清洗

身體時間拖延過久，造成每位老人身體背部屁股濕疹嚴重，師父當場看在眼裡，都深覺難過得快要掉下淚來。

多數住在老人院的老人，有一共通現象，就是家人很少去探望他們，與其說是被家人安置在老人院養老，不如說是被家人拋棄於老人院，放任老人自生自滅，不聞又不問，真是殘忍無情大不孝。

探問這些老人，他們擁有再多的財產，都遺留給了兒孫們，但是等人老了，行動不方便時，兒女就將父母送到老人院，久久來看一次，平時不聞也不問。

李老師指給師父看，這群老人家們，一旦被送來老人院，可以說過著暗無天日的日子，他們日日都很思念兒女，嘴巴都常嘟嚷著兒女名字，有的老人經常抱怨、哀嘆、責罵、自言自語，都希望兒女能早日接他們回去家裡住，能讓兒女親身照料他們，又能含飴弄孫，享天倫之樂，不要長期住在老人院受苦受虐待。

老人院周遭經常瀰漫著哀傷消沉的氛圍，正常人進來住久了，都會得了精神憂鬱症，看到現在的人真的很不孝，令人難過萬分，老人若被送入普通級的老人院居住，可謂是生活在活地獄裡，其狀可憐，令人見之難過無奈。

老人院無法善待奉養老人之情景，也很難去責怪老人院的護理人員；因現在老人院很難請到照護人員，因一般人都不喜歡去

老人院長期照顧老人，台灣國內多數的老人院都嚴重缺少人手，老人院的老人，就因人力的不足，造成起居生活方面，無法過著一般正常人的生活，受到妥善的照顧。

師父一直在思惟一個道理，為何我們幼小時，父母天天為我們清洗大小便、洗浴身體、餵食三餐、換洗衣服，父母親照顧我們好好的，而父母親縱使工作再忙再累，也不會將我們送到孤兒院去讓人照顧，為何等父母親老了，行動不方便，更需要兒女們的貼心照顧，我們卻因為忙，就將父母無情地送往老人院去過著非人的生活，是否殘忍不孝呢？這樣合乎倫理嗎？合乎綱常嗎？合乎因果嗎？

我們身為兒女要將年邁的父母送到老人院去安養之前，定要思惟一下這種因果人倫道理的。作兒女的，絕不可推托說工作很忙，就將父母親送到老人院去安養，你今天若如此對待父母，未來等你老了，你的兒女也一樣會如此對待你的，將你送到老人院去呼天搶地的，過著痛苦難過不安的日子，抱憾而死，承受因果循環之報。

所以李老師說，古人言「久病無孝子」，一點也不假，她說多年的夫妻感情，竟然她得了癌症，先生就不管她。她說，這個社會上因罹患癌症後，被家人無情惡意遺棄的病患越來越多，李老師又說，她先生好幾個月只來看她一次，每次來看她都說，妳

的退休金要趕快去申領，怕妳死了就來不及領了，因她當老師可領幾百萬退休金，她先生來老人院看她的目的，只是為了要逼她趕快去申領退休金給她先生花用，從來不過問她在老人院的生活過得好不好。李老師邊講就邊掉淚，噙著淚水說：「唉，現在的人，不論是夫妻或是兒女，一旦，只要你身體敗壞，得了癌症或嚴重慢性病，正需要家人照顧時，兒女就將你送到老人院去安養，而不聞不問了。」她說，現在的人親情淡薄無情，莫此為甚。

正德慈善中醫院彰化分院，有位員工叫錢敏師姊，她本是義工，是從上海嫁過來台灣，某日，她罹患癌症末期後，醫生宣布只剩六個月生命期，接著就被先生惡意拋棄，她很堅強，一邊工作，一邊又要照顧一位女兒，很是勞苦。

她聽師父開示佛法後，就精進修持佛法，勤做功課，祈求觀世音菩薩保佑，菩薩慈悲又靈感地保佑她，竟然能活到今天，已過三年時間，她現在身體慢慢恢復了，甚至奇蹟式地發現她的癌症竟然不藥而癒，幾乎已經消失掉，本是被醫生宣判第三期的癌症，活不到半年，結果她現在已活過三年了，而且去醫院檢查，竟發現腫瘤確實已經消失了，連醫生都大叫不可思議，不可能，無法理解，錢師姊現已投入正德救人濟世的工作行列，正式成為正德的員工菩薩，以其愛心去照顧更多受苦受難的病患。

所以，師父就是了解現在社會上，有太多太多被家人惡意遺

棄的這些癌症病患，因此觸動師父發願要花數十億元來蓋建「正德慈善癌症醫院」，照顧醫療所有被家人惡意遺棄的這些可憐的癌症病患及重症者，讓他們都能得到一個舒適妥善周全的醫療服務，救助他們的生命與病痛，以最完善醫術及最高貴醫藥來醫治他們的病苦，令他們皆能很有尊嚴地度過人生的最後旅程，而不要被家人惡意遺棄。

因為佛説，眾生皆我父母，我們應該抱持這種痌瘝在抱的心，大家共同發最揮大的愛心，有錢出錢，有力出力，與師父共同努力，早日蓋建慈善癌症醫院，早日解救這些被家人惡意遺棄的癌症病患或老人，並醫治癌症貧困者及罹患癌症的出家人，因他們經濟不好，一旦罹患癌症無錢就醫，就放任生死，聽天由命，因為治療癌症的醫藥費都很貴，健保又不給付，都要自己長期支付昂貴的醫藥費。

但看，我們周遭所遇到被家人遺棄的癌症患者，就有我們的義工與員工，更何況社會上，將有更多被遺棄的可憐人，為我們所不知，所以蓋建「正德慈善癌症醫院」，可以説是當務之急，是當前一個非常重要偉大的醫療工程建設，希望能早日將癌症醫院蓋建起來，早日救度那些被家人惡意拋棄及那些貧困無錢醫治的癌症貧困者及出家人，脫離病苦，找回健康人生。

所以，我們修行學佛，不要過度執著親情，再親蜜的親情都

會變質酸化，這個世間，真是無常又無情，不知何時，忽然醫生宣判你得了癌症都不知道，所以要學佛修行，布施行善，當義工志工，護持三寶，一定要趁早，趁著年輕力壯時，趁著生命還存活時，要趕快付出奉獻，否則就後悔莫及……

師父常看到罹患癌症的那些病患，內心都感覺到很難過，尤其，現在罹患癌症的人越來越多，台灣每三個人就有一個人罹患癌症而往生，每十三分鐘就有一個人因癌症而死亡，這個數字年年在攀升，一個人得癌，全家人都得了精神癌，因照顧癌症的病人工作不輕鬆。

所以，大眾要了解蓋建「正德慈善癌症醫院」的那種迫切性及重要性，大家要共同體會你今天發這個慈悲心愛心來建設這個癌症醫院救人，你看日後，年年月月日日時時能救助多少癌症病患的生命與病痛，其意義非凡甚巨，功德無量無邊，所謂救人一命，勝造七級浮屠。

佛在《菩薩戒經》開示說，世間有八大福田功德當中，又以看病施藥為最大福田功德，或者說，世界上有八種福田功德，是為開井供水，建造橋樑，鋪橋造路，孝順父母，看病施藥，供養僧眾，布施飲食，救濟貧困等，當中就是以看病施藥功德最大，所以，我們出錢出力來蓋建癌症醫院，等於就看病施藥，功德非常大，意義非凡。

　　希望大眾能體會師父蓋建癌症醫院的悲心願力及動機宗旨，將來不知哪一天，不幸輪到我們自己的親人也罹患了癌症，都可以來到正德癌症醫院，受到最妥善尊重的醫療服務，到時候，你真的會感恩師父蓋建癌症醫院救助你親人脫離病苦，可謂自救又救人。

　　師父有一天往生，這家癌症醫院將留人間，繼續醫治救度所有受苦受難的癌症病患。所以，癌症醫院的蓋建，不是屬於正德的，是屬於大家的醫院，是全民的醫院，而且醫院內的醫藥費全部都讓病人自由捐獻，減除大家的昂貴的醫藥費之負擔。

　　你若無法贊助布施癌症醫院的建設經費，你可將這個福音傳播出去，告訴你周遭的每位親友鄰居同事，只要他們有能力的人，都能來支持護持正德癌症醫院的蓋建工程，你出一個嘴巴，就可以讓很多人來種福田，讓很多人來共襄盛舉，讓很多人來支持贊助正德慈善癌症醫院早日蓋成，救度無數癌症病患之生命與病痛，你之功德無量無邊。

　　所以，行做功德，不一定要自己出錢出力，有時候，你出一個嘴巴宣傳，就可以造很大的功德，利人又利己，自然消業得福，不用老是說我命不好，我福報不夠，若連出個嘴巴宣傳這個偉大的福音，都可以種下很大的功德，得無量福，你都不做，在那邊哀嘆又有用呢？

正德佛堂觀世音菩薩靈感事蹟

孩子忽然間變壞，行為詭異，精神恍惚，超拔之後而恢復正常

有位信眾為他的孩子來請示菩薩，因他就讀國中三年級的兒子，平常都很正常上學，但突然不知為何不想去學校上課了，而且行為變的很詭異，精神恍惚還會罵三字經，走起路來像七爺、八爺，還學會抽菸，家人無論怎麼勸導都聽不進去，讓父母很懊惱，不知如何是好？於是來正德佛堂祈求觀世音菩薩救救他的兒子。

請示結果：他的兒子被孤魂亡靈干擾，該孤魂亡靈業障很重而且很兇，祂們要求要到埔里立牌位，好有一個歸依處。另外還要為孤魂亡靈、祖先、學校的地基主、地基婆等辦理超拔三次，持誦《心經》數百遍迴向。

其家屬在請示後，便馬上為其登記辦理超拔法會，回家後又很用功做功課，祈求兒子能夠早日穩定下來回到學校上課。經過家屬的努力，不到一個月，家屬便歡喜地來到佛堂告知：他兒子的情況穩定下來了，已經能夠回到學校正常上課，也不再叛逆了。因此，特來佛堂感恩觀世音菩薩的護佑，讓他兒子能恢復正常，並願佛菩薩繼續加持，今後將更用心學佛，介紹更多人來護持正德。

美國加州州長，好萊塢電影明星「阿諾史瓦辛格」的奮鬥史

　　阿諾史瓦辛格出生於奧地利小村莊，以「魔鬼終結者」一片於好萊塢影壇闖出名號後，成為聞名國際的巨星。他從小跟隨父親移民至美國，自小便迷上了健美運動，為他日後成名於世的墊腳石。由於堅持不懈的努力，使得阿諾二十歲便獲得環球健美先生冠軍。

　　年輕從影之前，他一共獲得八次奧林匹克先生與五次環球健美先生的榮譽，也是金氏世界紀錄的「最健美的人」世界紀錄保持人，成為全世界最知名的健美先生。但他並不滿足於世界健美先生的頭銜，他希望將來能成為世界富豪名人。因此阿諾為了實現理想，同時進大學修習工商管理，他認為只要努力不懈地工作，就可以實現他的人生的美夢。

　　阿諾，他剛到美國一心就想成為美國好萊塢影星，但任何人跟他說，你不可能達成的，還有你的名字叫起來很怪，而且講話的腔調又怪怪的，很多人向他說越不可能達成願望的，但他越要達成它，雖然一路走來時會遭遇到很多傷害與打擊，但阿諾說，你必須要懂得如何全身而退後，再度出擊，最後他成為好萊塢影

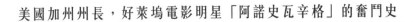
星片酬最高的一位。

阿諾史瓦辛格的堅持與追求完美的個性，讓他成功地成為世界健美先生，並擁有充沛的精力去迎接種種艱困的挑戰。一名成功的健美先生需具備優越的表演才能，阿諾深諳此理。阿諾喜歡並擅於表演自己，他說，當他獲得越多的掌聲，就越能提高對自己的期許與認知。而居住在鄰近好萊塢的

洛杉磯，也讓他深覺得演藝事業是他下一個要成就的目標。

奮鬥的過程雖是痛苦，但成功是永遠的

有次阿諾在拍片時，需要臥倒爬行，他破皮流血，導演說：但是必須重來一次，他說OK。導演說：「雖然痛苦是短暫的，但拍出的片是永恆的！」阿諾說：「奮鬥的過程雖是痛苦的，但成功是永遠的，於電影界一路走來，我一直秉持這個原則，方能立足好萊塢。」這也是今天他參與美國加州長競選成功的因素，變身成為美國政治界的明日之星，又真實扮演著另一齣發光又發熱的人生戲劇角色。

美麗多姿的世界

　　有位白人婦女帶著小兒子出門，坐上一輛計程車，司機是位黑人。這小兒子從未見過黑人，心中難免害怕，天真地問媽媽說：「這人是不是壞人，為什麼會長得那麼黑？」黑人司機聽了很難過，白人婦女就告訴小兒子說：「這位司機叔叔，不是壞人，他是一個很好的人。」兒子沉默一下，又問道：「既然他不是壞人，那是不是做了什麼壞事，所以上帝在懲罰他，讓他皮膚變黑的？」黑人聽了內心甚為難過，他想知道這位媽媽如何回答？

　　媽媽說：「他是個很好的人，也沒有做壞事。就像公園裡的花，有紅、有白、有黃，那花的種子是不是都黑色的？」小兒子想了一下，回答說：「對啊！都是黑的。」「黑色的種子，開出色彩鮮美的花朵，讓這世界多采多姿，是不是？」孩子恍然大悟地說：「是啊！那司機叔叔不是壞人嘍！感謝司機叔叔，您讓這世界多采多姿，我要為您祈禱。」

　　天真的孩子在一旁禱告著，黑人司機瞬間淚水奪眶而下，心裡想：「身為黑人被世人瞧不起，今日，這位白人婦女如此溫婉地教導孩子，解除孩子心中對我的恐懼，為我祈禱與祝福。真得好好的謝謝她。」

　　此時，目的地到了，黑人司機趕緊下車為白人母子開車門，感激的說：「夫人，謝謝您，您的一席話讓我的人生充滿光明希望，不再昏暗無光。夫人，謝謝您！」這是發生在美國的真實故事。

　　聽到這則故事，不禁大大讚嘆這位媽媽的高度智慧的言語，教導孩子不要有分別心的同時，更溫暖了傷痕累累的心。反觀，這故事若發生在台灣人的身上，結局是否還會如此令人感動呢？

請留給台灣一個清靜的視覺空間，你我勿再當傻瓜大師

　　有一位傻瓜，他為了大家將他看成傻瓜而時常感到苦惱，有一天，遇到一位專門為人解答人生困境的智者，傻瓜就向這位智者求助，來解答他的心中的困惱，傻瓜就向智者問說：「我不喜歡別人把我當成傻瓜，那麼請問智者，有什麼方法讓別人不將我當成傻瓜，而能把我看成是一位聰明人。」

　　智者回答說：「這很簡單，你從現在開始，不管任何的事情，你都予以最無理性的批判，特別是對那些美好的、合理的事情，你就加以批評，保證七天過後，人人都會認為你是一位聰明的人。」

　　傻瓜疑惑的問說：「就這麼簡單，那我該怎麼做？」

　　智者就教導傻瓜說：「假使有人說今天的夜色很美，你就加以立刻批判夜色之美對人生無有用處，因為夜色美再美，也是一剎那就過；若有人說生命當中，最重要的就是愛，那你就立刻加以批判，直到別人相信愛對人生一點也不重要，愛是會變的、是無常的，不能執著它；如有人說某某人寫的書很好，你就立刻針對書內的一些缺點加以批判，直到別人相信這本書根本不好；又

如有人說善有善報，惡有惡報，你就反駁說現在人心墮落，惡人反越有財勢，好人都不能出頭得善報。就以這樣的方式，七天過後，人家都會認為你最聰明。」

傻瓜就按照智者所指示的方式去做了，凡他遇到任何人，聽到任何事情，總是立刻無情的批判，把他所知道的非理性的字眼或批判的字眼全部用出來，一直講到別人相信為止。七天過後，傻瓜就回來探望這個智者，想不到傻瓜後面，竟然跟隨一千多個門徒，對傻瓜畢恭畢敬，並且還稱這個傻瓜為大師。

這個小故事反映到我們現實的社會裡，現在的資訊傳播非常發達，但是，假使我們仔細去體會觀察資訊和傳播的內容，不論是電視、電台、報紙、雜誌、網路等等這些平面媒體，每天所報導的事情都是一樣的內容，無非都是批判的、八卦的、顛覆的或是互相指責漫罵的字眼。

今天，台灣不管是政治界或是演藝圈，只要這些公眾人物有發生任何的芝麻蒜皮小事，或是風吹草動不當的言行，晚上幾十家的電台、電視台、報章雜誌就開始評論批判了，媒體大家所有的焦點，都永遠注目在被批判的這些人物事情之上，很少人去注意那些評論批判的人是不是傻瓜、是不是有理性、是不是有知見、是不是客觀，無有人去理會。

最後，這些專門會批判人家、扭曲人家、捏造事實、責備人

家的這些傻瓜，都有了很多的追隨者在後面。所以，假如你不想成為傻瓜的追隨者，首先你要學會禪定的工夫，先將你的心定靜下來，少發議論，多發表一些正面的觀點，多談論一些正面的話題，對人心道德、社會、國家有建設性的一些相關教育文化的工作，或是慈善宗教方面的事情，大家多多報導關心。

尤其，我們要保持理性的觀照，去看待事物背後的真相，千萬勿被這些傻瓜批判者他們嚴厲的言詞所迷惑，而以訛傳訛或予以附和，要建立自己一種客觀的獨立思惟，勿老是在一件事情的表面上評論打轉，而疏忽事情的實在面，永遠要對人生及對生命的價值感，保持正面和諧、客觀理性的態度。

尤其，在現時的社會，已落入無有大是大非及顛覆的情境裡，人人幾乎都失去原有應該保持客觀理性去看待事情的那一種情操，我們身為佛教徒更不應該隨波逐流，人云亦云，成為無智慧思考的應聲蟲，完全無自己理性客觀的判斷力，我們更不應該對時事、政治、人物種種所發生的八卦新聞隨聲附和，亦勿妄加評斷，方能保持一顆清淨明亮的心，讓我們智慧覺醒過來，才不會成為傻瓜者的門徒。

尤其，新聞媒體所報導的八卦新聞或是政治鬥爭事件，以及公眾人物的隱私，一向都是大家所喜歡聽聞的，說明人性喜歡去探究他人隱私的弱點，完全不尊重他人的尊嚴，導致人與人之間

互相尊重的厚道，蕩然無存，反對有關慈善、教育及宗教團體對社會國家所奉獻的事情，卻很少人去關心它，讓我們感覺每天都活在不平靜安寧的社會裡，好像這個社會已經到了無有救藥的地步，感覺人心好像很墮落恐怖，看不到光明面、慈悲面，更看不到寬恕面。

假使，新聞媒體每天老是繼續報導負面的或是八卦的新聞事件，真的有一天，會令台灣社會變成人心惶惶的恐怖局面，人與人互不信任及猜忌，喜歡批判人家、揭人家瘡疤，變成人與人互相的防範，人情越來越淡薄，人人會變成很市儈又無情無義，社會處處將充滿敵意與仇恨。

我們新聞媒體是擔負著一個社會道德良知的神聖工作，必須面對任何時下的人事物所發生的種種情況，都應加以正面的報導，更要多報導一些宗教、慈善、教育、公益光明面的事情，以啟發國人的慈悲心、愛心、公德心與同理心，令台灣的民眾，感覺到這個社會處處充滿溫馨光明，方能創造一個和諧、健康、進步的優質社會。

愛情的清單

　　一對相愛的戀人結婚五年了，一直沒有孩子，感情濃濃淡淡，日子忽晴忽暗，最後因為一件小事走到離婚的邊緣。

　　分手是男人先提出來的。他的理由是與其兩個人這樣不冷不熱的耗著，還不如一個人自由自在地打拼著自己的天空。這時，這男人已辭去工作，完全投入自己的創業，對於家庭，他已無暇顧及。

　　當這個男的提出離婚後，女的沒說一句話。她默默地收拾好自己的衣物，共四大箱，她搬回娘家住了。

　　一星期後，兩個人相約來到律師處簽字，兩個人來的時候還早，事務所未開，他們就在外面等。

　　女人如釋重負的說：其實，我早就覺得累了。你只顧自己的事業，家裡一切都不管，還總是亂發脾氣。但我不願意在這個時候提出來，我害怕給你雪上加霜。你能先提出來，這真是太好了！說完，從皮包裡掏出一封信來，上面寫著四個字：「愛情清單」。

　　男的覺得奇怪，抽出裡面的信，信內容不長，只有一頁，上

面這樣寫著：

　　我為你做過的事：

一、每天清晨，拉開窗簾，讓陽光照射進臥室，讓你有個好心
　　情。

二、每天把買來的水果洗好，放在盤子裡，端到茶几上，讓你看
　　電視時伸手想吃就可以拿到。

三、每週五，買一大堆吃的東西放在冰箱裡，讓你一個人在家時
　　不會餓著肚子。

四、每週六打掃屋子一遍，把灰塵、油汙、玻璃鏡子通通擦乾
　　淨，讓你有個乾淨清潔的環境。

五、每一季都要把你換季的衣服和鞋子洗淨、擦亮，放在櫃子
　　裡。

六、屋子裡放了四個菸灰缸，讓你隨時都能找到它。

七、用一個廢棄的菸盒收藏硬幣，讓你用來買你每週喜歡看的雜
　　誌。

八、當洗完澡後，我都會將浴室從頭到尾擦乾淨，怕你的拖鞋踩
　　的到處都是溼溼髒髒的。

九、每次你喝醉酒後，不論多晚，我都會給你準備一個洗臉盆、一杯溫水、一捲紙巾。臉盆是給你嘔吐用的，溫水是給你漱口用的、紙巾是給你擦嘴用的。

你為我做過的事：恕我直言，我實在想不起來，所以，我同意離婚。

男的看完信後，臉有些漲紅，眼睛裡有點霧氣。他把信仔細的折好，小心翼翼的放進上衣口袋裡。他靜靜的走到老婆面前，溫柔著握著她的小手，輕聲的說：我想把這愛情清單修改一下，我們回家好嗎？女人緩緩地點了頭。

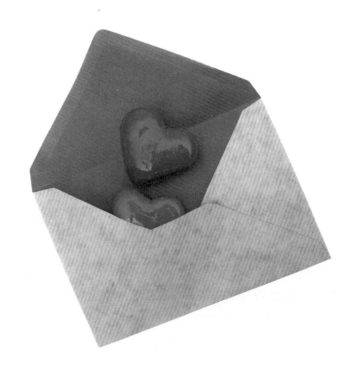

正德佛堂觀世音菩薩靈感事蹟

脖子長硬塊其癢無比，求醫無效，超拔誦經之後而痊癒

人生不如意之事十之八九，千百人有千百種苦，苦苦盡不相同，有很多的信眾在煩惱、痛苦，而又求助無門的情況下，都會來到正德佛堂祈求觀世音菩薩能夠指引迷津，化解心中的苦難。

高雄總院有一呂姓信眾脖子中央長一硬塊，吃了好幾個月的藥，一直未見有起色，晚上睡覺其癢無比，難

以入眠，又害怕擔心此症狀需要開刀，心中難免徬徨無助，突然有一天，想到我們正德佛堂的觀世音菩薩非常靈感，於是便來請示菩薩，看有何方法可以改善其狀況。

　　經請示菩薩結果：乃其祖母的祖先及所食所殺的眾生干擾，除須為其辦理超拔外，亦須持阿彌陀佛聖號、觀世音菩薩聖號數萬聲之功課迴向，另發起釋迦牟尼佛聖誕法會任會主，如能依此菩薩指示去做，方能化解業障，果然經過幾個月後，她脖子的硬塊變小了，狀況也有所改善了。

　　當時這位信眾碰巧要考高中，於是便再次請示菩薩，看她是否到南部高雄來考試會有較好的因緣，菩薩指示可以報考高雄的學校，事後果然如她所願考上高雄女中。當事人覺得太驚喜了，太不可思議了！不但讓她的病好轉又如願考上理想的學校，因此非常讚歎我們正德觀世音菩薩的靈感，以及感謝師父設立此請示的方便法門，讓她們得以離苦得樂，解決各種的疑難雜症。

當彼此信任度越高，管理就越少

在紐約市有名的「大都會博物館」付了錢，櫃檯會給客人一張小小的金屬片門票，有兩條夾子。方便別在衣領上。參觀中途可以隨時出來，如果還要再進去，門票就不用繳回，可以憑原本的門票再進入。確定不再進去參觀，就把門票丟入門口的壓克力玻璃櫃中。

有人就會問：「那會不會有人把門票帶回家，過幾天再來呢？或是有5人進去只買3張門票，其中一人再把門票帶出來給其他人？」

這種想法就只有台灣人或中國人會這麼想！美國人想法單純多了，進去就是要買門票，不再進去，就繳回門票。基本上美國人相信大家都是守法的好人，所以門口工作人員很少。

我們國人的防弊多於興利的觀念，鑽漏洞的念頭竟是文化腐化的一部分。台灣晶圓大廠台積電的餐廳跟科學園區的其他工廠一樣，採用外包模式，餐廳平時乾淨整潔明亮。所不同的是餐廳沒有人幫你打菜，要吃什麼一切自己來，發水果的地方貼了一張紙條規定每人限拿一袋水果（切好的）。連入口處也很少有人在

管理，進入餐廳用餐，要用識別證刷卡，月底自動從薪水中扣除。有一位員工被抓到吃飯沒刷卡，第一次警告，第二次就開除了。

當彼此信任度越高，管理就越少，彼此方便，成本自然下降，工作也越愉快。相反的彼此猜忌、防範、圍堵、監督。不但降低生產力，工作也被動，不愉快。

這個道理就是當您和週遭親友、同事，處於信任的環境中，做起事情來都非常的有效率，而且默契十足，但是處於猜忌和不諒解的情形下，任何事物都進展的很不順利。

您了解了這道理，從現在開始就將心胸打開，用開放的心情、信任的態度，來對待每一位親友同事，或許剛開始會發現，吃了很多虧，大家都還是防來防去，那是因為您的夥伴還不習慣您的處世態度，記得對的事情就要堅持，堅持才能天長地久，路，走對了就不怕遙遠，人生不是得到，就是學到。

窮學生餓肚子存錢救人
的動人故事

省下學生時期的午餐費，救助老太婆一家人的故事

師父自幼家境貧寒，了無童趣。回憶起年幼時期，唯一最深刻的記憶，就是家中經常呈現無米可炊的窘態，如此艱困的童年生活背景，卻造就了師父今日驚人的韌性毅力與堅強奮鬥的不凡性格，及至後來成為發心出家渡眾離苦的大比丘，皆為童年時期困苦憂患的環境，所淬勵而成。因此，師父特別感念幼童時期，菩薩賜予的磨鍊環境，不致於迷思墮落。

幼年時期的師父，在俗家兄弟當中，天資稍優，在校成績一向名列前茅，故順利考上省立初中學校，當時附近鄰居街坊，只有他一人考進省校，讓父母倍覺光榮，於是將光祖耀宗的那份冀望全寄託在師父身上。

家境雖貧，父母仍「儉腸勒肚」的每天給予他五塊錢到學校吃較富營養的午餐，希望他身體健康，求學成績傲人，將來能謀得一官半職，改善家庭經濟。當時每天的五塊飯錢，對一個貧窮家庭的經濟而言，是一項很沉重的負擔，但父母疼子之恩情與犧牲，卻從中表露無遺。

　　某日，師父於學校報紙上看到一則令人心酸的新聞：有位老太婆的兒子與媳婦雙雙發生車禍死亡，肇事者逃之夭夭，留下四個年幼小孩，家境又貧困，完全頓失經濟來源，三餐不濟，希望社會人士慷慨解囊。

　　看到這樣的消息，當時在師父小小的心靈上深受悸動，就決心每天中午餓著肚子不吃飯，每日儲存五塊飯錢，每個月一次寄款到老太婆的家，救濟她們全家飯錢；同時也展開募款行動，向同班及他班同學募款，也一併救濟阿婆全家。

　　此件「窮學生餓肚存錢救人」的傻事，是暗中在進行著，深怕父母、同學知道，恐斷經濟來源，因此，每逢中午吃飯時間一到，下課後，就一個人先衝出教室，偷偷跑到操場樹蔭底下躲起來，等到吃飯時間過後，才回到教室。讓人誤以為已經用過午餐。

　　同學常常問起：「你用餐時間是跑到那裡去吃飯？為什麼每天在福利社餐廳都看不到你的人影？」求學時期的師父因成績優秀，又得人緣，所以每天午餐時刻，原本同學都會相約到學校餐廳吃飯的，所以每回被問起，師父都得事先編好故事騙過同學。

　　所謂「江中無風波浪起，空中無雲一聲雷」，事事無常難預防。此事約過半年之久，有一天，學校來位新聞記者，到校要採訪師父，當訓導主任找他問話時，師父便知事情不妙，只好據實

以報。原來此位記者仁兄,曾到老太婆的家去關懷,聽阿婆談起有位省立學校學生每月按月寄好幾百元救濟她全家,記者就依信上地址找上學校,要專訪這位默默行善學生的事蹟。

隔天報紙一登,師父行善義舉上報,朝會時,校長叫他上台接受全校師生之表揚鼓掌,從此事跡敗露,同學一下課,一個箭步跑到他家,向他的俗家父母報告這件光榮的事蹟,而下場就是挨一頓痛罵。接下來,經濟就遭無情的封鎖,從此與五塊錢無緣說再見。以後每天母親就為他準備便當上學。師父深知父母之心意,乃擔心成長中的孩子餓壞肚子,損了健康。因為,本身就是貧窮家庭的孩子,每週日還得跑到教會領奶粉、麵粉過日子的家庭,仍須人家救濟了,當然不容許自己孩子有如此行為。

感人的傻事從此落幕,師父特別強調,這種行為是不值得鼓勵的。但是懷著人饑己饑、人溺己溺的疴瘝在抱慈悲胸懷,去關心周遭受苦受難的眾生同胞,卻是人人必須具備的認知。如此方能令這個世間更加溫馨有溫情,人間淨土是由你、我、他共同來創造的,今天你救助了他人,有天你有困難,他人自會來救助你,所謂助人人助,共創光明、祥和、安樂的世界。

彰化大肚橋的感人故事

年少時的舉手之勞，卻無形中救了很多民眾的生命

　　約四十年前，彰化通往台中大肚橋，由兩線道擴建為四線道橋面，擴建後的橋面，來往的車輛速度甚為快速，因橋上中央並無加設安全島，只於道路中央劃兩條粗黃線，導致大肚橋擴建開通後，時常發生車禍，死傷很多人。最嚴重的一次車禍，就是發生在橋面開通後的第七天，有兩邊對向車輛於橋上對撞，當場死了七個人，七人全部是公家機關的七位年輕工程師，令國家痛失英才，當時報紙曾大幅報導此事。

　　但大肚橋車禍事件，卻不因此次大車禍的發生而減少，仍然每隔幾天就發生一次車禍，大都是兩方向車輛對撞為多，而且每次車禍死傷慘重，卻終究不見相關單位提出改善之道。

　　師父當時就讀初中，常於假日跟隨父親騎車從彰化送貨到台中，深深感受到橋面開車的危險度，並瞭解橋上常發生車禍的肇因，皆起因於橋面中央並無設立安全島所導致。師父立即提筆擬寫一張陳情書，寄給當時彰化縣陳時英縣長，信中言辭犀利又充滿懇求語意，詢問縣長：「假使他日橋上不幸因車禍罹難的是您的自家親人，請問縣長將作何感想？縣長又豈能保證其家人何時

要經過大肚橋而不會發生車禍呢？懇求縣長身為父母官，能體恤人命關天之大事及百姓之悲苦，速速於橋面上設立安全島，萬萬不可拖延。」師父還自己設計草畫安全島的圖案，標示高度及寬度，提供縣長參考。

當時的陳時英縣長確實是一位仁慈父母官，接到一位初中學生的陳情信後，並無置之不理，不僅即刻回覆，並馬上命縣政府工程處於大肚橋上建設安全島，並讚許師父的義舉。

約三個月後，大肚橋上的中央安全島完工，從此以後，大肚橋數十年來，就不再發生車禍，無人傷亡。就因為師父當年的舉手之勞，只寫了一封信，數年來無形中已不知挽救了多少人的生命？

當大肚橋上的安全島建設完工後，師父還特別拿尺去測量，發現安全島的建造面積，果真完全按照他圖案所設計的高度寬度建造。由此可見，師父追求完美的人格特質，自幼即充分流露。

這則故事讓學佛者學到一個啟示，隨時都要擁有一顆慈悲心，去關懷周遭眾生苦樂安危，往往舉手之勞，即可救人生命於無形當中，有時也會救到你自己的家人好友。

凡事都要正向思考也要逆向思考的哲學

前幾天師父在總院文化課修改《成佛的第一步》文稿時，慧通師父在旁，忽然說出一句話，說他現在最想做的一件事，就是想向師父請假一天，要好好睡一個覺，因他當總院監院師以來，從未好好睡個覺，每日睡少事多，身疲心煩，從無法睡個好覺。師父回答慧通師父說：「你所要求的，也正是師父所要求的，你要向師父請假一天好好睡覺，請問：師父要向誰請假，也能好好睡個覺？」能好好睡個覺，竟然成為我們正德出家師父一種求不得的苦事，跟隨師父出家的正德出家人，真是苦啊！

過去師父因太執著於我要力行菩薩道，一心一意要儘速建設正德各種利生工程，腳步踏得很快，連師父的師長及眾多弟子們，都認為師父出家弘法利生的腳步太快了。過去師父有如拼命三郎一樣，不顧身體之敗壞，一年365天，全年無休，天天日夜馬不停蹄往前衝，就是要早日完成各種建設來福利眾生。一個建設完成，本想休息，卻又想出一個新的建設又要推展，建設一個比一個大，終雖都能克服種種困難而完成各項建設，但卻將身體整個弄壞掉，身心可謂極度疲憊。常常問自己，何時才能讓我好好睡一個覺？睡一個好覺是普通人平時都容易辦到的事，竟然成

為我們正德師父最難求得到的事
情。師父這種不顧身體，拼命地
建設要福利眾生，這種思維叫做
「正向思考」，從來師父不曾逆
向思考過，是為不圓融之事。

　　講到這裡，忽然讓師父想到
一件事，剛才談到的正向思考與
逆向思考的問題，我們必須在兩
者的拉扯之間，取個平衡點，
於中間畫一條線，然後畫一個圓
周，從圓周底部兩邊再各畫兩朵
蓮花，成為一個正德標幟logo，如此處事方為圓融，才不致於廢
事直理，或廢理而直事，事理方能圓融，通達十方法界。

　　所以執著行菩薩道也是一種執著，師父在全國開始建立了數
家正德中醫院及診所，接著又於各縣市蓋建西方蓮社市分社，於
各地展開助念及後事服務，接著又在台北蓋了一間十五層的多功
能的慈善文教大樓，佛教界能於台北市擁有整棟大樓的建設，正
德是第一家，這也是師父的一個很久之前就想要完成的夢想。

　　正德慈善文教大樓蓋好之後，緊接著要蓋建全世界最高大流
金銅像正德埔里大佛高五十公尺，這一尊大佛的工程更是浩大無

比，所花費的經費更是驚人，約超過十億元，正德的工程一個比一個大，現在接著又要花費數十億元要蓋建一間全國規模最大、醫療設備最完善的正德僧伽癌症醫院，來免費醫治被家人惡意遺棄的癌症病患，以及出家人與貧困的癌症病患。

正德僧伽癌症醫院更要以這個完善的醫療設施及昂貴的醫藥來治好所有癌症的病患，這個工程是最浩大，日後醫院每月要支付約二億元的龐大開銷，癌症醫院必須再蓋建一個養生農場，來專門種植一些有機的蔬果，讓癌症病患來服用治病。

所以，從出家到現在，可以說過得非常勞碌，我的出家弟子也是跟著我勞碌受苦，真的於心不忍，其實，這種行事作風，就是正向思考而缺乏逆向思考，所以才搞得自己跟出家弟子身體都敗壞了，但是這是我出家的宿命，我無怨無悔，只是我說出來跟大家分享一下心靈感觸。

正德佛堂觀世音菩薩靈感事蹟

孩子半夜驚叫不停，身體僵硬，誦經超拔而康復

正德有位勸募志工，婚前與妹妹因工作的關係，在台中市區合買了一間房子，就在去年暑假時，趁帶著讀幼稚園大班的孩子回娘家之便，到那間空置已久的房子清理。就在這位志工將清理垃圾搬至樓下，再回到這間房子時，卻發現她孩子的神態已略有不正常。

當天晚上孩子一直驚恐尖叫不停，目睹孩子的這種情況，已大約猜測是無形眾生在干擾，因此這位志工便不斷地念佛迴向給孩子，並向無形眾生來開導，請祂們不要驚嚇孩子，並承諾將會請示正德觀世音菩薩，來幫助祂們遠離三途，離苦得樂。

也許這些無形眾生有感於這位志工的誠意，漸漸地孩子不再驚叫而入睡了。但第二天早上醒來時，一樣的情況又再度發生，孩子的手腳竟然扭曲呈僵硬狀，無法伸直，甚至行走困難。看到這種狀況，這位志工不斷地在孩子的身邊，對其無形眾生開導，如此反覆三次，情況才逐漸恢復穩定。

　　事後打電話至佛堂，將其孩子發生的問題告知師父並請求師父慈悲為其請示菩薩，**經菩薩指示：有三位與孩子有宿世因緣的無形眾生，請求為祂們誦藥師經百部及藥師咒數萬遍，並且要為祂們辦超拔五次。**這位志工歡喜接受菩薩所指示的功課及為其辦理超拔，就在功課圓滿之後，孩子就不曾再發生這種四肢僵硬的現象了。

　　這位勸募志工是一位家庭主婦，平常就認同師父的理念及悲心願力，也非常感謝師父設立此方便法門，讓她可以找出原因，為孩子化解災難病苦。在此除感恩佛菩薩的慈悲加持，亦慶幸自

己能皈依在一有法有德的道場，得以在遇到狀況時有所依靠，免於擔心害怕。

　　人生際遇變化無常，遭受不如意之事十之八九，要如何來改變我們的命運呢？

　　在清朝崇明地方，有位叫黃永爵的人，曾經有位相士替他算命，說他只能活到六十歲。某日，南洋有條船遇難了，黃永爵得知此消息後，便急忙拿出十兩黃金購買漁船前往搭救，因而救活十三條的人命。後來再遇到那位相士時，相士非常驚訝的告訴他：「你滿臉的陰騭紋，一定是做了好事，積了大德，將來你不但高壽，還會有考上功名的兒子！」後來黃永爵果然生了一個叫黃振鳳的兒子，也考中了康熙己未年會試的榜首，黃永爵自己也活到九十幾歲才善終。

　　由此可知，天道是如此的真實可信，人們為何不去惡為善呢？經云：未成佛道，要先結眾生緣。因此人生在世，要廣結善緣，助人即助己，如此方能改造我們的命運，創造更光明亮麗的人生，以此與大眾共勉之，阿彌陀佛！

一位美國史上年紀最大的大學生，蘿絲求學的動人故事

任何人都會變老，但不是每個人都會成長

很多人很好奇，到底是何動機，促使她年屆古稀，已經87歲還來上大學。她告訴大家說：「我一直夢想要受大學教育，如今終於得償宿願。」

笑口常開，幽默風趣；時時懷抱夢想，是青春求學的動力

她像一部「時光機器」，將智慧和經驗與我分享，讓同學們總是聽得津津有味。一學年下來，蘿絲成了學校鼎鼎大名的人物。不論走到那裡，她總能輕易的結交到新朋友。她經常打扮得漂漂亮亮的，陶醉在同學們對她的關注之中。

學期結束時，蘿絲應邀到我們為足球隊舉辦的晚宴中演講。同學永難忘懷當晚她賜予大家的珍貴禮物。主持人介紹她給聽眾之後，她碎步走向講台，正當要開始演講時，她手中的講稿不慎掉落地上。有幾秒鐘時間她顯得有點懊惱和靦腆，不過立刻就幽默的對著麥克風淡淡的說：「抱歉，我最近老喜歡掉東

西，剛剛我本想喝杯啤酒壯膽，卻喝了威士忌，沒想到那玩意兒
簡直要我的命。看來我是記不得事先準備的東西了，那我就講最
熟悉的事情吧。」

　　在大家的笑聲中，她清了一下喉嚨，然後開始說：「**我們不
是因為年老而停止玩樂，我們是因停止玩樂才會變老。只有一種
秘訣能使人青春永駐，快樂成功。就是你們必須經常笑口常開，**

幽默風趣；你們必須時時懷抱夢想。當你們失去夢想時，你們就形同死亡。通常不會因做過的事後悔；未曾去做自己想做的事而遺憾。我們的週圍有許多人像似行屍走肉，卻不自覺。」

「變老和長大之間有很大的差別。任何人都會變老，但不一定每個人都會長大。長大的意思是，你必須不斷在蛻變中找尋成長的機會而善加利用。要活得無怨無悔：上了年紀的人，卻常因在年輕時，只有心懷悔恨的人，會恐懼死亡。」

那年底，蘿絲八十七歲終於完成她的大學學業。畢業後一星期，她在睡夢中安詳去逝。超過二千名同學參加她的葬禮。同學們聚在一起，向這位以身教教導我們：

「只要下定決心，不管年紀多大都可以實現夢想。」

「故學佛修行，應擁有精進學習救人濟世的知識技能之精神，以便服務利益大眾。」

「當我們放棄追尋外在的物慾與享樂，轉而開始追尋內心世界的財富時，清淨喜悅的感覺自然而生。」

佛渡眾時，遇見世上最無常哀悽的故事

佛說婦人遇辜經：婦人全家遇害，皈佛得渡

佛有一天在某一個國家講經說法，當時有一位婦人跟丈夫回娘家待產，婦人手中抱了一個小嬰孩，他的丈夫手牽一位小兒子及一隻牛，在路上牛遭遇一條毒蛇攻擊，驚慌奔逃，他的丈夫為打跑此蛇，不幸被毒蛇所咬死。

婦人看到丈夫被毒蛇所咬死，非常傷心，因為天色已漸昏暗，婦人就抱著嬰兒欲渡河過彼岸道路，就將小兒子暫時留在岸邊，先抱手中的嬰孩渡河，當婦人抱著嬰兒渡河到中間時，岸邊的小兒子竟然被一隻狼吞殺，婦人看到這情景，驚嚇不已，一時失神，手中嬰兒竟掉落河中而沖走，婦女當下遭受這麼大的驚嚇打擊，一不小心又跌倒在河中，肚中胎兒竟而流產，婦女極度的傷心痛苦。

就孤獨一個人回到娘家，當她回到娘家時，才發現娘家在幾天前發生火災，父母被火燒死，無法回到娘家居住，婦女傷痛欲絕折回公婆的家，當他回到公婆家時，方知公婆在幾天前遭受強盜的洗劫而被殺死。

　　婦人此時此刻舉目無親，無家可歸，又遭逢全部親人皆死亡之慘劇，無法承受如此巨大的打擊，因而發瘋，就裸體狂奔於街上，卻不知不覺跑到佛陀講經的地方，佛陀就叫阿難拿一件衣予婦人穿上，佛就慈悲的向婦人開示言，我們人現在的罪報與福報有其因果關係，人命本是無常，會合有別的，生者本會有死，你不生則不死，萬事萬物本空，卻因人去造作業力　就會由生而起死，由生而起滅，因此輪迴生死不斷。輪迴就如車輪般的轉動不停，流轉於六道生死當中，無法出脫。

　　佛向婦人開示無常之道及輪迴生死的真相，此時婦人聞佛所言，當下就心開意解，即發無上菩提心，得立不退轉地，憂愁煩惱解除，撥雲見日，婦人精神即刻恢復正常，從此皈依學佛。

　　這個故事可以說是在佛傳法時所遇到最無常哀悽之事，世間本是福不雙至，禍不單行，不幸的事總是接二連三發生，好的事情總是單行俠，禍總是雙行客，所以我們要徹悟人命無常，合久必分，分久必合，有生有死，萬事萬物將成空成幻，我們的親情、財富、生命有一天都會成為虛幻烏有的，定要透徹這一番的無常道理，大眾當趁著生命還在之時，體力還健康之時，應把握當下的時間，皈依學佛、布施行善、行持六度波羅蜜，才能解脫人生各種的苦惱，將來定可往生佛的世界，解脫無量劫的生死輪迴之苦。

一位俗家女愛上 出家比丘阿難的故事

佛說摩鄧女經：摩鄧女欲嫁阿難因緣

有一天佛陀的侍者阿難出外向一位摩登伽女托鉢乞食，因阿難長得非常莊嚴英俊，皮膚細白，這位摩登伽女看到阿難如此地莊嚴英俊，被阿難著迷了一心想要嫁阿難為妻，她懇求阿難當她的丈夫，但是阿難是出家人，就離開了摩登伽女，自從阿難離開之後，摩登伽女就茶飯不思，得到了嚴重的相思病，摩登伽女一直懇求她的母親一定要想辦法叫阿難來娶她為妻。

她的母親不忍女兒痛苦，就用邪術來迷惑阿難，逼阿難成婚。當阿難被邪術所迷惑，險些破戒，幸好佛陀以佛法力量喚醒阿難，破除個摩登伽女母親的邪術；阿難覺醒後，就立刻回到佛的身邊，摩登伽女不願罷休，竟然追阿難追到佛的住所。

摩登伽女竟然懇求佛陀成全她與阿難成為夫妻，佛即以權巧方便方式來渡化摩登伽女。佛問摩登伽女說，妳愛阿難，是愛阿難的哪個地方呢？摩登伽女回答佛說，我愛阿難水汪汪漂亮的眼睛，又愛阿難堅挺俊俏的鼻子，更愛阿難甜美的嘴巴，又愛阿難圓潤的耳朵，更愛阿難講話的美妙聲音，又愛看阿難走路的雄偉

姿態。

　　佛就告訴摩登伽女說，你愛阿難的眼睛，但這個眼睛會流眼屎眼淚，這個鼻子會流鼻涕，阿難的口會流唾液，耳朵會有耳垢，你愛阿難的這個身體，但身體有屎、有尿、有大便、小便，可以說整個身體是臭處不淨，而男女成為夫妻交合會有這個男精母血惡露臭液，所以從男精母血這種惡露當中就會生出胎兒，兒子出生之後，一旦有死亡，夫妻就會悲傷哭泣，所以這個身體，到底有什麼好處、利益？妳要好好的去思惟，我們身體處處充滿這個惡露污穢。

　　摩登伽女聽到佛如此開示生死無常道理，以及色身敗壞會惡臭的現象，當下就覺悟而跟隨著佛出家修行證得阿羅漢。

　　這是一個癡女由愛而轉化成為道心出家修行而證得阿羅漢果的故事，當然這個摩登伽女有善根，所以佛一開示，她就覺悟。換成現代的男女，善根淺薄，你講什麼道理都聽不懂，不修行不學佛，愛得你死我活，要為愛情而犧牲奉獻付出，為了愛不顧一切而結婚，等到結婚之後方知後悔悲嘆，所謂十對夫妻九對怨偶，便是這個道理。

　　男女要結婚之前，都只是看到對方的優點，無法看到對方的缺點，戀愛中的男女眼睛都是跟瞎子一樣，那種為愛沖昏了頭，等結婚之後才會覺醒，當覺醒的時候，就為時已晚了。

　　師父出家二十多年來，可以說鼓勵很多青年男女的在家弟子不要結婚，能走出家弘法利生這一條路，但是，每一個要結婚的人，都跟師父說結婚好，出家有什麼好，結婚多美啊，多妙啊，他們都完全聽不進去師父跟他們開示結婚後的真相，以及一個家庭未來要面對的種種困境、苦惱、壓力，更不知道愛情是無常的，有天會變質，結婚有了家庭那種負擔與不自由，他們都全然無法去體會，等結婚之後才後悔都太慢了。

　　一個人奉獻給一個家庭的愛，那是小愛，只利益照顧少數家人，那你卻是要付出一輩子的心血去勞苦付出，無法獲得究竟快樂與解脫，如能將這一生的心血轉為大愛，出家弘法利生，奉獻給無數的眾生，渡化眾生歸依學佛，解脫眾生的種種痛苦，生命才能綻放更大光芒，生命的價值才能擴大無限。

佛在印度舍衛城弘法時所遭遇的一個為富不仁的故事

佛說越難經：大富長者轉生盲乞兒

　　印度舍衛城，有位為富不仁之長者，交代奴僕，凡遇乞丐入門求乞，皆趕出門外，長者往生，投生為一盲乞兒，至前生家門求乞，被家僕用力驅趕跌倒，折斷腳踝，哭痛不已，遇佛開示，方知前世。後悔不已，長者死後入地獄受苦。

　　佛告阿難，人居世間甚懃苦愚癡，一世父子不相識知。爾時佛說經，解散其意。

　　人求子索財，於此二事中，甚憂勤苦痛，他日而得果，有身不能保，何況子與財，譬如夏月熱，息止樹下涼，須臾當復去，世間無有常。

　　佛在印度舍衛城傳法時，城中有位為富不仁的長者，他就交代奴僕，凡是遇到乞丐來入門求乞時，一律用棍棒打出門，不能布施給乞丐，這個長者慳貪又吝嗇，不願布施窮困者。

　　有一天，這位長者往生了，投生為一位貧戶的兒子，生下來眼睛就瞎掉，成為又盲又瞎的乞丐兒，有一天乞丐兒就來到他前

生的這個家門口求乞，就被門口的家僕用木棍驅趕，跌倒在地並折斷了腳踝，哭痛不已，路人經過，都抱以同情的心，非常痛恨這為富不仁的人家。

此時，佛剛好路過，就為盲兒開示其前世因果，盲兒方知前世之惡因所造成今天之果報，今世反成乞丐向他前世兒子乞討卻遭毒打，長者後悔不已，而盲兒死後卻又墮入地獄去受苦。

佛就告阿難及所有的弟子，人居住這個世間，實在很困惱又愚癡，只有一輩子的父子之情，轉生一世就不相識了，佛說人為了求得兒子或為求這個財富，這兩者事情可說令人非常的憂惱，假使他日果現前時，身命都無法自保，更何況兒子跟財產。

就有如夏季熱天，人為躲避陽光的熱度，即到樹蔭底下乘涼，乘涼片刻即要離開世間的無常亦是如此，萬事萬物片刻即過，經常變換，星換物移，人事全非。

我們當了知這個無常的道理，了解因果的循環真相，在世間，千萬不要對任何眾生起惡心或是不予救助眾生的苦難，應該要隨時關心救度每位眾生苦惱，否則，你這輩子如何對待眾生，下輩子眾生就如何對待你，這個故事的啟示希望大家能有所悟有所解。

正德佛堂觀世音菩薩 靈感事蹟

夫妻吵架家庭將要破碎，誦經超拔迴向而改善

　　師父曾經開示過：「雖然是佛法，但若不能夠救度眾生離苦得樂，就不是佛法；雖然不是佛法，若能解救眾生病苦，就是佛法。」眾生的煩惱病苦，有八萬四千種，無論是身體上的疾病；事業工作不順利；孩子不讀書叛逆；或是家庭不平安，時常發生車禍；明明只是小小感冒，卻失去寶貴生命；先生外遇；夫妻失和時常吵架，諸如此類種種病苦，均能於請示正德的觀世音菩薩後，依照指示來奉行，持之以恆，終能有所改善。以下舉例來和大家分享：

　　曾經有位勸募義工，他們夫妻三十年來相處，一直是左右鄰居及親朋好友羨慕的一對，從來沒有吵過架、發生口角，同修也非常顧家關心孩子，家庭非常幸福美滿。然而好景不常，最近不知為何，不是買股票賠錢，就是夫妻經常吵架，動不動就發脾氣吵得死去活來，家庭幾乎快要破碎了。

　　我們這位義工為了這件事情非常的困擾，有一天到佛堂繳會員費時，碰巧遇到常住師父，這位義工便將她內心煩惱的事情告

訴師父，師父便建議她可以請示我們正德的觀世音菩薩，由菩薩來指引迷津、化解心中的苦惱。

當透過菩薩的指示，知道干擾的因素竟是自己的婆婆，超拔婆婆亡靈得生善道，內心非常不平衡，因為生前先生是最孝順的兒子，為何婆婆要來干擾他們，讓他們夫妻吵到水火不容。但按照菩薩的化解方法去做，圓滿功課、功德後，夫妻的感情便漸漸有改善，直到現在已恢復正常。

日本經營之神松下幸之助

　　被稱之為「日本經營之神」的松下幸之助先生，當他還是個小學四年級的學生時，因為家裡貧窮，不得不告別母親，和父親一起到大阪去打工，過著一種自己養活自己的生活。

　　説到他第一次求職時的勇猛不懈精神，是最為人所津津樂道，也是他一生成功的最大的轉振點，他在十五歲時，到大阪電器公司去應聘，當公司的總經理看到他一身衣著破爛、身體又瘦弱的模樣時，總經理從心裡就不想要他，但又怕傷及這個少年的自尊心，就隨口説了一句：「我們現在不缺人手，你過兩個月再來吧。」

　　過了兩個月，松下果然又來應徵了，總經理又推辭説：「我們需要的是一個懂電器知識的人，你懂嗎？」松下老實的告訴他説自己不懂。回到了家裡，松下就買了幾本有關於電器知識的書，看了兩個月後，又來到了這家公司，並告訴那位總經理説：「我已經學會了許多的電器知識，以後我可以一邊工作，一邊學習。」

　　誰知聽了這話，那位經理反而皺了皺眉頭説：「小伙子，出入我們這家公司的都是很有點紳士派頭的人物，你看你這身髒兮

亇的衣服，我們怎麼要你呢？」
松下回家後，他就讓爸爸拿出所
有的積蓄，給他買了一身漂亮的
制服，又來到了這家電器公司求
職，當下那位總經理可真服了松
下，他一邊用欣賞的目光看著松
下，一邊笑著說：「像你這樣擁
有堅強意志力的求職者，我可是
第一次遇到，就憑你的這股韌力衝

勁，我也不能不任用你了！」松下幸之助先生就如此進入大阪電
器公司工作。這是他人生第一個工作也是最後一個工作。

從不向失敗低頭，正是松下幸之助走向成功的秘訣

　　松下於這家公司服務前後約八年時間，他毅然辭去了大阪電
器公司的工作，自己創辦了松下電器公司，首先成功生產了腳踏
車的車燈，為他公司創造了第一筆財富，於電器界打下一片大江
山，經過了二十年的拚搏和艱苦創業，終於使自己的公司成了世
界最著名的公司，松下電器產品幾乎遍佈全世界各國電器市場。

佛在舍衛城弘法時，所遇見離奇的輪迴生死故事

佛說長者子懊惱三處經：大長者子命短之因緣

佛在印度舍衛城弘法時，城中有一位大富長者，他的財富無數，但膝下無子，而舍衛國律法規定，無有兒子的家庭，父母命終之後，家庭的全部財產定要沒收充公，大富長者每天就祭拜祈禱天地上蒼能賜給他一個麟兒來繼承他的家產，但是經過多年祭祀求天，仍無法獲得麟兒。

長者的太太就歸命佛教三寶，並奉持五戒，日夜精進修行，不敢懈怠，由於佛法的加被，不久長者的妻子就懷孕生了一個麟兒，待兒子成長至十五六歲時，父母就為這個兒子娶一個媳婦，即於城外的一個大花園舉行大型婚宴七天，宴請賓客，夫婦兩個真是喜出望外。

此時兒子於喜慶當中，帶著新娘到花園去散步，剛好園中有一棵樹，樹上長了美麗花朵，新娘就告訴夫君，說她想要得到樹上美麗花朵，新郎就爬到樹上摘取花朵，一失足從樹上跌下來，當時就斷絕身亡，一命嗚呼。

　　大富長者夫婦看到兒子從樹上摔下而亡，非常的傷痛，涕哭悲憂，無法言狀，適逢佛陀行化到花園處，見到此種悲劇，即為長者夫婦開示言，其兒子本是從天上忉利天轉生下來為長者的兒子，死後又馬上轉生為龍子，轉生龍子之後，即被大鵬金翅鳥所吞食。

　　在這個同時，剛好有三個地方父母都失去了兒子，同在悲傷，在天上有天上的父母眷屬，悲傷地看到兒子因天上壽命已盡而轉生為長者家的兒子，長者夫婦悲傷地見到兒子從樹上摔下而死，死後又轉生為龍王的龍子，龍王父母悲傷地見到出生的龍子馬上被大鵬金翅鳥吞食而亡，此兒到底是誰的兒子？

　　三個地方的父母眷屬，同時都為他的兒子的死亡在悲傷痛苦，佛就開示長者言，人生本來有生就必有死，萬物有成的一天，就有敗亡消失的一天，至於生命也是一樣，無常一到一定會命終往生，這是無法避免的，所以我們為人一定不可以執著兒女親情，生死別離本無常，切勿憂悲。

　　由這個故事我們可以得到一個啟示，此生我們的家人父母兄弟姊妹，其實只有一輩子的因緣，緣滅則散，命終之後，隨著個人的善業惡業而往生六道輪迴去了不知何生何世方能再聚，遙遙無期。不要執著此生的父母兄弟姊妹才是你的父母兄弟姊妹，命終轉個身，誰都不是你的親人。

　　我們定要認知與親人之間的互相因緣關係，才不會因親人的別離遠去而悲傷哀痛，定要持有這種智慧觀，來觀照諸法緣聚則合，緣滅則散的生死輪迴因緣關係而不執不著，更應化悲傷力量為學佛的力量，藉著一世的修行，期能功德圓滿，命終往生西方世界，不再生生世世輪迴六道，每世免遭受這種親情別離苦。

佛說世間財物為五家所共有之故事

佛說長者音悅經：佛說財有五危

　　佛在舍衛城傳法時，在城裡有位大富長者名叫做音悅，他的財富無數，但是，年老無子以為憂愁，因為他過去世種了福報因緣所致，所以他在同時間得到四種福報。

　　一者其夫人懷孕產下了一位男嬰，面相端正莊嚴無比。

　　二者夫人產下男嬰的同時，家裡所養的五百匹的白馬也同時生下了小馬。

　　三者國王也派遣這個使者，來授金印給長者封官封爵。

　　四者長者派出去的五百隻船隻，去外面尋寶，也同時載滿了寶物安全抵達。

　　在同一個時間，大富長者四福臨門，這是大富長者過去世所修來的福報，但此時，佛就為大眾開示，雖然大富長者擁有這四種福報，他卻不知道這個財富隱藏五種的危機，是為五家所共有。

　　佛告訴大富長者說，世間的財富它隱藏著五種的危機，為世人所不知，凡人慳吝貪惜財富，極度的執著貪求財富，不懂布施財物救濟貧困，等命終往生之時，世間的財物完全要捨棄，一分一文都帶不回家，而今天大富長者能獲得這四種福報，當會執著這四種福報，四福是你過去世所修的福報所導致，但是福報就好像我們的影子一樣，稍縱即逝，剎那即無，所以，應該要多布施行善，救苦救急，救濟貧民才對，如此未來的福報還是會再回歸到你的身上，現在以你所得的福報，你再來造福修福，以後福報更大。

　　有財富的人要利用你現在所擁有的財富再來布施行善造福，以福造福，福報更大，若擁有財富卻不懂布施行善，不懂惜福再造福，福報終有一天會用盡，將來就沒有福報了，大富長者就稟告佛，請佛開示世間的財富有哪五種危機呢？　佛開示言，世間福報有五種危機：

　　一者大火燒之不覺，大火來臨時，會燒毀你的財物、房舍，我們無法去察覺。

　　二者大水漂沒無常，天忽下大雨起大水災，會將我們的財富淹沒漂流散失掉。

　　三者縣官奪取無道，遇到暴虐的縣官或是國王，以惡勢力武力來奪取你的財物，你無法抗拒暴政貪官污吏來侵佔我們的財

富。

四者惡子用度無限，不肖兒孫將來揮度無限，散盡你的家財，所以再多的財富留給子孫，子孫有一天會揮霍無度，花盡你之財富。

五者盜賊所見劫奪，豐厚的財富往往會引發盜賊趁機來劫奪你的財物。

佛說，此五種危機無常的事情何時發生，你根本無法去防範抗拒，那時候你的財富通通成空成虛，財富就會散失殆盡。佛知

大富長者未來當遭遇五種危機，提前向長者開示這番道理，但大富長者不能完全了解佛義。

不久，大富長者家舍失火，將他所有華麗的房舍及所珍藏的珍奇財寶全部燒盡，同時馬房的五百匹白馬及兒子也全被燒死，此時國王竟然遣派使者收回國王賜封的金印，他派出去的五百隻船隻，到了海外去採寶，竟然全部沉沒海中，長者同時遭遇四禍臨門，全家大小無不憂愁悲傷，痛苦難言。

由這個小故事，當可了解，佛所說的世間財富為五家所共有，非你一個人所有之道理，是故，任憑你一生辛苦賺了再多的錢財寶物，卻是為五家所共有，而五家何時發生，無人知道，無人能防範抗拒，實不應在我們擁有財富之時而不懂布施救濟貧困，而去執著貪戀我們的財富，當五家的情況一起發生的時候，你的財富就成空成幻，消失殆盡一分一錢也不留。

無常的世間的財富，是要拿來與眾生共享的，非一人去獨享的，與其被五家來所持有，我們不如將我們的財富來跟無量的眾生來共享，你將來的福報會更大，所以有財富的人，你現在有福了，你要以福造福，你會更有福報，否則，當災難及無常來奪取你所有的財富時，你就後悔莫及了。

釘子的創傷

從前，有一個脾氣很壞的男孩，他的爸爸給了他一袋釘子，告訴他，每次發脾氣或者跟人吵架的時候，就在院子的籬笆上釘一根。第一天，男孩釘了37根釘子。後面的幾天他學會了控制自己的脾氣，每天釘的釘子也逐漸減少了。他發現，控制自己的脾氣，實際上比釘釘子要容易的多。終於有一天，他一根釘子都沒有釘，他高興的把這件事告訴了爸爸。

爸爸說：「從今以後，如果你一天都沒有發脾氣，就可以在這天拔掉一根釘子。」 日子一天一天過去，最後，釘子全被拔光了。爸爸帶他來到籬笆邊上，對他說：「兒子，你做得很好，可是看看籬笆上的釘子洞，這些洞永遠也不可能恢復了。」

就像你和一個人吵架，說了些難聽的話，你就在他心裡留下了一個傷口，像這個釘子洞一樣。插一把刀子在一個人的身體裡，再拔出來，傷口就難以癒合了。無論你怎麼道歉，傷口總是在那兒。要知道，身體上的傷口和心靈上的傷口一樣都難以恢復。

你的朋友是你寶貴的財產，他們讓你開懷，讓你更勇敢。他們總是隨時傾聽你的憂傷。你需要他們的時候，他們會支持你，向你敞開心扉。告訴你的朋友你多麼愛他們，永遠不要嘲笑別人的夢想。不要隨便給一個人定性。說話時要慢，思想時要快。

正德佛堂觀世音菩薩
靈感事蹟

女兒車禍嚴重命危，誦經超拔及捐造大佛而康復，感恩菩薩救命

台中有位信眾，其女兒因騎機車被車撞擊，全身多處骨折，孩子全身都插滿管子，昏迷情況很危急嚴重，有生命的危險。事故發生後的四、五天，這位信眾打電話給我們宜蘭分院的一位志工，他是他的朋友，請這位志工代他請示正德的觀世音菩薩，看他的女兒是否會清醒過來脫離險境，如果會醒來，頭腦是否能正常。

經請示菩薩結果：其原因是前世因果業力，及發生車禍地點的五位孤魂亡靈在干擾，如果沒有早日脫離危險，可能會變成植物人，因壽命未盡，如果要化解一定要發大善願，做很多功課，並持續超拔這五位孤魂亡靈五次，才會有奇蹟出現。

這位志工便將菩薩指示的結果，轉達給這位朋友知道，而這位信眾知道正德觀世音菩薩非常靈感，一定能解救他的女兒，故當天馬上發願為女兒捐造大佛一百萬元，迴向給所有干擾對象並為祂們辦理超拔。

這段期間，只要有空，正德各院或是鄰近的佛寺有法會，這位信眾及家人就會去參加超拔法會，所有的鄰居朋友也都在幫他們做功課。結果，約一個禮拜左右，他女兒便清醒過來，由加護病房轉到普通病房，而且恢復速度非常快，醫生護士及家屬朋友都感到非常不可思議。

此時，這位信眾的家屬深深感受到正德的觀世音菩薩確實非常靈感。如果不是依照菩薩的指示來做，這孩子不可能會醒過來，而且恢復正常。去年為了感謝菩薩及師父，特地專程開車帶他女兒到宜蘭分院來，家屬也非常感謝師父設立這樣一個方便法門，挽救他女兒一條生命。

「人之一生難求無災無難。」也就是說：我們人的生命難求完美境界，更難求一生無災無難，所謂「天有不測風雲，人有旦夕禍福」、「花無百日紅，人無千日安。」我們無法掌握生命的下一秒，故我們應當時時鞭策自己，行善布施，精進修行，了脫生死，願以此和大家共勉之。阿彌陀佛！

一位非裔美籍的骨科權威醫生的成功故事

現年五十五歲的波阿契，他是在紐約市屬一屬二的一位骨科權威醫生，他為回歸他的祖國加納服務，他在加納創立了一個公益的團體，這個公益團體，從一九九八年以來前後已經治療了五百多位的骨科病患，在加納這個國家，大多數的家庭收入都很低微，波阿契為了幫助這些貧困的病患，所以他提供免費的骨科手術。

他小時候，家庭真的很貧苦，他的父親為了撫養妻子八個小孩以及三十幾位的親戚，可以說非常的辛苦，母親還靠著賣菜來貼補家用。波阿契因為小時候患了嚴重的胃病，被一位醫師治好了，那位醫師激發他將來要當醫師的願望，基於政府的補貼鼓勵，波阿契他可以到那個技術學校去念書，當時他在學校可以說是非常的用功，波阿契念完技術學校畢業之後，他就到美國紐約市區裡去。

當他抵達紐約的時候，他的口袋只有十二塊美元，他也在當地找到一份微薄的工作，同時他也在布魯克林學院註冊入學，他半工半讀的完成學業，畢業的時候，以頂尖的成績從這個學院畢

業，接著他又在著名的哥倫比亞大學的醫學院完成他的學業，接著他就開始從事他的醫師職業工作。

當他從事在美國的醫療事業飛黃騰達時，他的內心總是不忘他的祖國有那麼多的貧困家庭，所以，當時他自己支出美金十萬元在加納先成立一個骨科的中心，剛開始，他免費醫治貧困的患者來救世濟人，服務奉獻鄉里，他的愛心是感人肺腑。

所以，我們從這個波阿契一個非洲到美國求學，考到醫師執照之後，在美國紐約市執業，成了當地紐約很有名的外科骨科權威醫師，當他成功的時候，又回到他自己的祖國成立一個醫療的公益團體，開始展開免費醫治窮困的這些病患，來回饋鄉里，來醫治他的同胞，這種精神是值得我們從事醫療工作的這些醫務人員學習效法。

像我們台灣現在很多醫師，一聽到說要派到窮鄉僻壤的地方去執業看診，很多人裹足不前，都希望在大都市裡執業，或是在大醫院裡行醫，很少醫生有這份愛心，要發心到鄉下去醫治那些經濟較貧困的病患，所以，有很多台灣人到國外考到醫師執照，大部分都不想回來國內服務。

波阿契，他是一個非洲黑人的醫生，他寧願回到他自己環境非常惡劣的國家，食衣住行，生活水平都非常惡劣的環境之下，他願意回到自己國家去行醫救世，這種精神卻是值得我們國內的

醫務人員來學習效法。

　　所以身為一個醫務人員，應該要有像佛教菩薩的精神，不要以利為目的，身為一個醫生或醫務人員，他的目的是救人，不應該有選擇性，不應該有分別心，而應該發揮你們的醫療的愛心，醫治所有的病人。

　　當醫生者的工作，是非常的神聖，假使不能發揮應有的醫德跟愛心，那麼他會踐踏這份工作的神聖意義，身為一位醫生應隨時抱著痌瘝在抱的慈愛精神，將你的病人當作是你的家人，發揮愛心，隨時去關懷他們，隨時去醫治他們的疾病，不論眾生在哪裡，只要他們需要你的時候，你都能夠發揮醫德醫術來醫治所有貧困的眾生，就像波阿契一樣，願意回到自己那麼惡劣環境的鄉里來為他的同胞醫治疾病，這才是真正符合我們佛教所講的菩薩道的精神！

　　就像台灣在四五十年之前，那時候醫療水準可說非常的落後，醫療設備非常的簡陋，嚴重缺乏醫務人員，但是呢，卻有一批批從歐洲美國來臨的基督教天主教的醫療傳教人士，到台灣窮鄉僻壤的地方來醫治台灣民眾的病苦。

　　像台南的宜蘭聖母醫院，花蓮的門諾醫院、恆春的基督教醫院，他們在四五十年前都是由天主教、基督教非常有愛心、慈悲

心的傳教醫務人員，不辭辛勞抱著無量的慈悲心來到台灣，展開醫療救世的工作，在台灣一居住就是三十年、二十年，甚至一輩子，到老了，才回到他們的祖國去。

　　但是，我們很多台灣的醫師卻不想在自己祖國鄉下的地方來執業，醫治所有的病患，卻要跑到美國地方去當醫生，而自己的祖國一些偏遠地區，像花蓮、台東等地，都不願去行醫救世，反而都跑到美國去執業行醫了，所以，當我們看到這麼多的天主教、基督教的這些醫療傳教士，忍受了種種的艱困，幾十年來為台灣民眾來付出奉獻，醫救台灣民眾的病苦，著實讓我們感動敬佩！

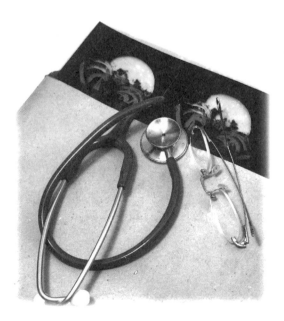

花蓮門諾醫院的院長
黃勝雄醫師愛心感人故事

物質上的東西我都有，但生命真正的意義不在物質，
我是回台灣買靈魂的。

　　花蓮門諾醫院的院長黃勝雄醫師，多年前在美國匹茲堡大學
任教、醫病。 黃勝雄是享譽美國的腦神經外科權威醫師，是白宮
的座上客，也曾是雷根總統隨行的指定醫師，被認為是 Doctor's
doctor（許多醫生的腦神經外科醫生）。

　　黃勝雄醫師一年要服務五千位病人、開動三百六十個病人的
手術，他的年薪超過百萬美元，住家佔地四甲。物質生活相當富
裕。

　　一九九〇年門諾醫院前院長薄柔纜醫師退休回美國，薄醫師
因長年有耳鳴與重聽的毛病。雖然如此，他依然無怨無悔地為交
通不便、醫療不發達的花蓮民眾，奉獻醫療服務前後將近40年之
久，退休後，連住家都沒有。這種捨己為人的情懷，更教黃勝雄
相當佩服。

　　一九九一年薄院長在洛城接受台美基金會的台灣奉獻獎時，

他呼籲：「我為台灣奉獻了這一生，我盼望台灣人，尤其是台灣的醫生，也能像我一樣為自己的同胞，尤其是弱小無助的、需要人照顧的花蓮百姓服務，很可惜！台灣的醫生好像覺得到花蓮很遠，到美國比較近，沒有人要去花蓮，倒是很多人跑美國來。」

這一番話，讓黃勝雄醫師決定放棄在美國的一切，回到花蓮服務。他離開美國時，美國政界、醫界共有四百人來送他，州長、議長都來了，當地的人如此地不捨。但是，黃勝雄醫師告訴他們：「在花蓮，我有更多的病人在等他，這是上帝託付我的地方，我要回來為同胞奉獻服務。」於一九九三年十一月，黃勝雄從前院長薄柔纜的手中，接下了院長的棒子，至今已經將近十六年了。

黃勝雄他堅持自己開車，即使為了偏遠山區的巡迴醫療，他仍然自己駕著吉普車開二、三小時車程，不辭辛苦，上山下海為偏遠地區民眾看病。門諾董事會體念他的辛勞，幾次想為黃勝雄請司機，卻老被拒絕。他說：「門諾還需要社會的支持，如果我可以請司機、買好車，我們就不要捐款了。」黃勝雄以耐心、愛心對待每一個病人，他總是花三、四十分鐘看診一名病人，如同美國醫院醫師看病的方式，對病患既親切又仔細。

認識黃勝雄院長的人都擔心他的身體能否承受過度的勞累，年歲已大的他，總以一貫的笑容回說：「沒關係，我很健康！」

黃勝雄擔任門諾院長的薪水，月薪三十萬元，不但比一般醫院的院長薪水少，甚至不及過去在美國薪水的十分之一，但他還把其中的二十萬元捐回醫院，自己住在員工宿舍過著簡樸的生活。

一般人無法擁有的，他得到了；一般人放不下的，他卻捨得。黃勝雄說：「我有大房子、很好的車，物質上的東西我都有，但生命真正的意義不在物質，我是回台灣買靈魂的。」

黃勝雄院長認為，醫院的院長就是要大小事都要想，我也絕對不會想到說我一個腦外科醫生，回來會想到這個醫院的飲食問題。有時候都是憑直覺，我覺得一直有一個理念，**最成功的醫院是什麼？最成功的醫院是說，病人滿足，員工滿足，這是最成功的醫院，不是賺錢。**

台灣天主教及基督教醫院創辦辛酸感人故事

數年前當我看到報章雜誌報導「全省數家偏遠鄉鎮基督教醫院，四十年來為了長期醫治台灣人民病痛，至今非但無任何盈餘，反而每家皆負債數億元，從院長至每位醫師，有時一天看病將近二十小時，還得去面對每個月繳交上百萬銀行利息之龐大負債與支出而煩惱」，令我聞之悸動震撼不已，銘感肺腑，久久不能自己，感覺自己更加渺小！深感國人及佛教界人士之慈悲心比起西方人士之愛心，差距甚大，佛教所講的四無量心「慈悲喜捨」在西方基督教的國土裡方能見到。

宜蘭聖母醫院創辦辛酸史

五十多年前蘭陽平原貧窮落後疾病叢生，來自義大利天主教靈醫會神父、修士們來到偏僻的宜蘭縣羅東鎮創建了羅東聖母醫院，照料廣大的宜蘭鄉親的健康，有如母親般在呵護子女的健康，數十年來受到地方民眾的信賴及肯定。五十多年前的宜蘭縣人口僅二十六萬，只有幾間小型診所，民國四十一年六月十五日，會士和修女租下原已休診的一家小診所之後，開始濟世救人的行醫救貧工作。

　　靈醫會會士買下台式尖頂平房的小診所更名為聖母醫院（象徵會士們願意像母親對子女般來照顧病患）小小的醫院僅有十二張病床，四十一年十二月自建的一棟尖頂平房落成，容納二十張病床。草創之時的聖母醫院可說是備極艱辛，開刀房沒有通風設備，連止血鉗也沒幾支，更沒有現代無影手術燈，夏天醫護人員在高瓦特的電燈下開刀，只好在腳下放冰塊消暑。

　　當時只有護士十三位，而醫院中主事的神父、醫生、修士、修女們無不上下一心，同甘共苦，樹立了良好的典範。

　　為了病人的需要，靈醫會會士們到處奔忙募款，四十四年增建外科大樓，擁有病房一百多床。六十年代醫療缺乏的情形相當嚴重，會士們以仁愛精神醫治病人，但病房的擴建一直趕不上絡繹而來的患者，且護理人員也極為欠缺，因此在五十三年籌設聖母護理學校，培育護理人員。七十八年會士們排除萬難取得羅馬總會的同意，興建面積達萬餘坪的十一樓門診外科醫療大樓，成為羅東的新地標。

　　五十多年來，聖母醫院由一間間小平房逐漸擴展到如今現代化的病房，經歷的是一段艱辛的發展史，歷任院長的數位神父等許多會士們披荊斬棘的精神，深受當地民眾的敬重。

花蓮門諾醫院的創辦辛酸史

民國三十七年的時候，有一支由基督教門諾教會6、7人所組成的醫療隊伍，他們是三對夫婦、一位護士，最初是借用花蓮港教會為根據地，來花蓮推展醫療工作者，並首次巡迴台灣東部的各個原住民部落醫治病患；他們以一輛改裝的美國軍用卡車，作為載運美援的醫藥品與罐頭、牛奶等補給品之用，他們當中有外籍醫護人員、傳道人和翻譯員，在台灣醫療史上，他們是第一批以跋山涉水的方式，進入偏遠地區行醫的專業人員，醫療隊每到一村落都借住教會或牧師館，給予村民義診與教導衛生常識。「門諾巡迴醫療隊」就是這支隊伍的名字。

醫療隊他們曾經過世界上最簡單驚險的吊橋——二根鐵線，一根在上，一根在下。行經者雙手需扶上端、腳踩下端之鐵線，溪流湍急，個個心驚膽跳，輪到重量級團員行經正中央，加上攜帶藥品，其上下鐵線已相距六尺許，醫療團有時是很需要冒險的。

民國三十八年租借鋁業公司的醫院，由柯丁選醫師為院長，有二名護士、二名職員和五名員工，當初診療對象僅止原住民同胞，剛開始一切都是免費，後有恩格爾醫師（Dr. Harold H. Engle）加入，開始擴大醫療工作，並蓋簡單廚房，以方便病患家屬煮飯。此後開始為平地住民診療，求診人數越來越多。一九五三年美國薄柔纜醫師(Dr. K. Brunner)來台加入醫療團隊工

作。他的首件工作是獲得一塊土地，以蓋永久性的門諾醫院。民國四十三年夏天舉行破土典禮，民國四十四年初啟用新醫院，於是門諾醫院於花蓮東部開始擔負著醫療救人的使命。受惠無數窮困病患。（門諾醫院院長的薄柔纜醫師，還受到李總統親頒大綬紫色景星勳章）

恆春基督教醫院創辦辛酸史

民國四十六年，一群來自北歐芬蘭的基督教醫療宣教士，跨洋過海來到了台灣。他們在恆春鎮內的山腳路找到一間日式房子作為在台灣的醫療傳道的家。

他們以醫療傳道的方式到處為人診治病痛，除了四處探望貧病孤苦，也時常入山至原住民部落看診。這群北歐芬蘭的醫療宣教士，每新到一處，總引起一陣騷動與好奇的眼光，然而，他們的懇切與無私的付出，終於得到附近民眾與原住民的信任。

如此長期的四處醫療傳道持續了十年之久。隨著恆春地區居民對醫療的需求日增，一九六七年他們設立了「恆春基督教診所」，每星期提供固定的醫療服務。

當時每天上午門診而下午宣教士們依然至山區義診，當年擔任護理長的芬蘭籍馬立娜女士回憶說：「當時醫療隊的足跡遍踏各處，最遠曾到春日鄉的南和（一百公里外）。記得有一次是個

颱風天下大雨，山洪爆發。醫療隊的成員下來推車，在洪水中涉水危行，經歷了一場所謂的水路之險。」

除了山區義診，各種孤苦無依的傷殘病患也都是恆基醫院特別照顧的對象，這些外籍醫護人員的愛心，往往為本地人所不及，所不能做到的，他們甚至四處尋找被遺棄的痲瘋病患，親自為他們清洗及包紮上藥。

一九七○年代，一些剛畢業的本地醫師受到這些芬蘭醫療人員的感召，也加入恆基診所的行列。現任恆基董事長簡肇明醫師在當時即是第一位台灣籍的院長。

當地民眾感受到這些醫護人員的愛心，對診所的信任日增，病患人數逐漸增加，診所的規模也日漸擴大，在民國六十五年轉型為「恆春基督教醫院」。至此，芬蘭的宣教士們改善台灣尾部地區醫療水準的任務已告一段落，他們認為應該往非洲等更需要醫療援助的地方去醫療服務與宣教。

天主教或基督教醫院，皆是由國外人士為救治我們台灣同胞而創設的醫療機構，所作所為都是為了國人健康而辛勞，如今舉債渡日，若我們身為台灣人還不知報答回饋，而來贊助他們的義舉，則國人的良知何在？慈悲何在？

佛教在台灣幾十年來，在教育信眾慈悲應有的正知見成效不

彰，甚至誤導眾生布施的錯誤觀念頗深；但教導信眾如何捐款布施蓋建更多、更大的寺廟方面之成效頗佳。難怪國內寺廟一家比一家大，花費十億、二十億之宏偉寺廟，隨處可見，甚至花費五十億元蓋道場亦大有人在。唯教育信眾捐錢布施蓋建慈善教育救人濟世機構方面的成效卻不佳，以致國內佛道教界所蓋的慈善教育機構甚少，與基督教天主教相比，差之大矣！這些是我出家多年，令吾最痛心的事。難怪長居國外的佛教徒，很多人都說：台灣有佛教，沒有佛法；國外沒佛教，卻有佛法，這是千真萬確之事實。

反觀，國內數家基督教醫院，五十多年前皆由外國傳教士來到台灣偏遠地區傳教時，看到當地因無醫院設立，而導致多數居民生病無法及時醫治而死亡，景況堪憐。這些傳教士就向國外募款至台灣辛苦蓋建了基督教醫院，長期地救治台灣民眾，常遠至高山鄉鎮漁村巡迴醫療，五十多年來之辛苦地付出，從不間斷，聞之真令人感動不已，他們才是真正的活菩薩。

師父曾懇切地呼籲台灣社會大眾、佛教道教界人士、各寺廟住持，能發揮真正的慈悲心，不分宗教，捐助偏遠地區基督教醫院重建醫療基金。

師父當時為了表達佛教的慈悲心意，正德願將所有建設延後，率先由佛教正德慈善機構捐款贊助數家天主教及基督教醫院

如下善款：

★捐一百萬元給恆春基督教醫院作醫療經費。（該院每月賠錢，
　至今負債一億元）

★捐一百萬元給埔里基督教醫院作重建經費。（該院921震災倒
　塌，重建經費尚欠三億元）

★捐一百萬元給羅東聖母醫院作重病房建院經費。（該院建重病
　房大樓尚欠經費二億元）

　　除此之外，正德於震災當年民國八十八年十一月，在板橋體
育館舉辦三昧水懺法會籌募正德醫藥基金，將所得功德款半數
五百萬元，轉捐給數家天主基督教醫院建設基金！

　　在此，並向所有基督教醫院牧師、醫師、醫護人員致上最高
敬意與謝意！感謝您們四十年來，由年輕到年老，一生為這塊土
地人民所做的奉獻。你們真的很偉大，謝謝你們，佛、道教界人
士應向您們學習！

　　同時，師父也呼籲社會大眾及全國佛道教信眾，請你們暫時
將捐蓋寺廟之善款，能先捐給這幾家基督教醫院，更呼籲佛教各
大慈善機構、寺廟及勸募委員們，你們的經費真的很多，請你們
也能撥部分款項贊助基督教醫院，佛教的慈悲是無分別心的，才
是真慈悲真布施！

一位小孩子積蓄一隻大福田豬，捐建正德癌症醫院的感人故事

師父半夜起來為義工的小孩蓋被

有一年秋天，師父在員林佛學講座，有位台中來的義工帶著一位十一歲兒子聽法之後，因回家時間已晚，就與孩子留宿於正德醫院彰化分院，因頂樓寮房都為女眾住宿的樓層，他兒子就單獨一人睡在一樓推拿室裡。

師父睡於三樓寮房，半夜起床上淨房時，因天氣涼冷，順便去看看小孩有否睡得安適，有否踢被，深怕著涼感冒，卻發現到小孩身上被子已落於地上，就順手為孩子蓋被，當回到寮房時，就難以入眠，不久，又下樓查看孩子有否踢被，又發現被子掉於地上，孩子身體冷得蜷曲成一團，心甚感不忍，有如看到自己的孩子一樣可憐又可愛，就此至天亮止難以安睡，為孩子蓋被多次。

底下是她媽媽寫給監院師的感謝信函內容，甚為感人。

　　小兒子生肖屬豬，在去年生日時朋友送他一隻很大的存錢豬，有正德福田豬的五十倍大。我們平時沒有特定給孩子零用錢，自從小兒子有大隻存錢豬，會把過年壓歲錢及獎學金存入大豬豬。有次問兒子怎麼不投一些錢在福田豬，存滿了再拿回佛堂迴向。兒子回答：等到存滿大豬豬再交給常律法師去蓋建正德慈善癌症醫院救人。

　　媽媽問兒子為什麼？他回答：**「很感動常律法師在深夜幫我蓋兩次被子，還摸摸我的臉頰，師父好像都沒睡覺！」**因當時師父在員林佛學演講，她與小兒子去聽講後再回台中已不方便，故在彰化佛堂掛單，小兒子就單獨睡在一樓推拿室裡過夜。

　　與小兒子的這段對話我內心已默默地感動，並告訴兒子：若依你的方式存滿大豬豬會有好幾萬元而且很久才能存滿。兒子說：就是要交給常律法師。

正德佛堂觀世音菩薩靈感事蹟

母親病危，誦經迴向，終於康復，全家感謝正德佛堂菩薩救命

　　時常有人感慨為何自己的命運如此坎坷，營商總是失利、家庭常逢災難、身體常受病磨，求醫無效？對於眾生諸多的苦惱及不幸的遭遇，除深感同情悲憫之餘，若是能常聽經聞法，依教奉行，及請示正德觀世音菩薩，必能改變命運，災消福至，諸事吉祥平安，一切無礙。

　　我是梁家其，我媽媽的身體一向都比較虛弱，血壓偏低、鼻涕倒流、頭痛、胃腸又不好，尤其最近幾個月時常感冒，咳嗽得很嚴重，吃了好幾個月的藥，時好時壞，抵抗力愈來愈差。我便建議她來正德佛堂請示觀世音菩薩，並為她預約登記，請示的人很多，要排到十幾天之後，但還好二、三天之後，剛好有人臨時有事取消，媽媽才能提早來請示菩薩。

　　記得請示後的隔天，媽媽的手腳很明顯的不聽使喚，走路不穩，吃飯夾菜時也一直掉。此時，住在高雄的弟弟剛好回來，發現不對勁，便趕快帶媽媽去看醫生檢查，初步判斷有可能是輕微

的腦中風，雖然有時候會好轉，但還是建議到大醫院做更詳細的
檢查比較好。

於是我幫媽媽掛了門診，當場醫生便說要馬上住院做檢查，
結果隔天媽媽的情況愈來愈嚴重，已經沒有辦法自己吃飯，走路
也需要有人攙扶。電腦斷層的檢查報告出來，發現媽媽的左腦顱
內有一大片積血，必須立刻動手術，醫生判斷出血的現象至少有
十幾天了，因為有些血已漸漸凝固了。手術的成功率是三成，即
使手術成功，手腳完全恢復功能的機率也只有一半，也就是完全
康復的機會只有15%。

在簽了病危通知單後，我強裝鎮定，不將緊張和不安的情緒
表現出來，以免讓媽媽擔心害怕。因為是臨時決定動手術的，而
我又一時沒辦法離開醫院，只好打電話到佛堂，請黃師姐代我請
示觀世音菩薩，師姐很熱心的幫我請示，並打電話告訴我請示結
果。

她說媽媽的情況觀世音菩薩都知道，前幾天媽媽去請示時，
**菩薩所指示的功課及功德，就是要迴向給媽媽的冤親債主，來
化解這次手術的危險性，所以依照照菩薩的指示去做，手術便會
平安順利，另外還要參加藥師佛聖誕法會，迴向給干擾媽媽的對
象。**黃師姐一直要我不用擔心，只要一心稱念觀世音菩薩聖號即
可，聽到這彷彿吃了定心丸，我便不再緊張了。

　　我媽媽是個虔誠的佛教徒，她每天都有誦經唸佛做早課，在進開刀房之前我再次叮嚀媽媽不用擔心害怕，只要一心稱念南無觀世音菩薩聖號。

　　就在媽媽進入手術房之後，我便來到佛堂，祈求觀世音菩薩慈悲護佑，讓媽媽手術能夠順利康復，不要留下後遺症。當我回到醫院，媽媽也正好從手術房推了出來，直接送到加護病房。

　　當她清醒時，因為嘴巴裡還有抽痰的管子，不能講話，就用手寫字，當我們看到她的手比手術前靈活時，心頭的一塊石頭總算落了地，放心了不少。

　　到了第三天，我們發現媽媽說的話很奇怪，她說阿姨打電話給她，說要來看她。可是我阿姨根本不知道媽媽住院的事，何況在加護病房裡，怎麼可能有人會打電話給她，她說的話愈來愈離譜，還有一些可怕的景象，她非常害怕。而值班護士告訴我們，這叫做「加護病房症候群」，患者的腦波尚不穩定，會產生一些幻覺，只要轉到普通病房之後就會恢復正常。

　　在不能馬上轉到普通病房及媽媽又非常害怕的情形下，再加上加護病房有限制會客的時間，我們也不能一直陪在她身邊，所以弟弟就到佛堂祈求觀世音菩薩，而我也去買了一部念佛機放在媽媽身邊，讓她隨時能夠聽到佛號聲，藉此安撫她的心。

　　另外，我也依照菩薩指示到佛堂參加藥師佛聖誕法會，將此功德迴向給干擾媽媽的冤親債主，而爸爸和姐姐也都有誦地藏經迴向給媽媽，結果法會結束當天下午，再到醫院看媽媽時，她雖然還在加護病房，但已經沒有產生幻覺的現象了。

　　媽媽出院後，恢復得很好，頭腦清晰手腳靈活，沒有任何後遺症，醫生也說這是佛菩薩的保佑，不但手術順利，媽媽的身體反而比手術前還好，因感念觀世音菩薩的大慈大悲，媽媽加入僧伽癌症醫院的建院委員，也認捐僧伽癌症醫藥基金。

　　而我們全家也都非常感謝觀世音菩薩及師父的大慈大悲，設立請示菩薩此一方便法門，不但救渡眾生的苦難，也廣渡眾生皈依學佛。還要感謝幫忙請示的師姐，在我們最無助的時侯，做我們和菩薩之間的橋樑，讓我們能依照菩薩的指示去化解業障，真的非常感謝、功德無量。

　　佛曰：「人之一啄一飲，皆為前定。」既生為人，則一生之禍福皆為前定，然而命雖天定，但後天運勢肯定可靠自己去改造，只要我們時時行善布施，修行學佛，一定可以改變我們的命運，以此和大眾共勉之！阿彌陀佛！少造業，多念佛！

十月五日是世界教師節

　　中國人都知道九月廿八日是中國人的教師節，但是大部分的國人可能不知道十月五日是世界教師節，這是在一九九四年由聯合國教科文組織**UNESCO(UNITED NATIONS EDUCATIONAL, SCIENTIFIC AND CULTURAL ORGANIZATION)** 所創立的節日，藉以感念全世界老師為這個世界地球村學生的教育辛苦奉獻，全世界已有一百多個國家在此節日舉辦各種有趣感人的方式，來慶祝感謝老師一年來教育的辛勞。

　　節日慶祝方式，皆以戲劇、演奏會、歌唱、舞蹈、體育比

賽、寫作比賽、寫詩、吟詩、圖畫、做小點心水果分送師生等等溫馨感人的活動方式，來慶祝這個節日，場面相當感人，反觀台灣對教師節的慶祝方式仍流留於官方的傳統慶典方式，而民間的學校的慶祝卻是靜悄悄，頗令人傷感。

每逢世界教師節，美國各大學校舉辦演奏、歌唱、吟詩來慶祝這個節日，並由每系學生代表朗讀師恩，並說出老師教授有趣幽默之事，以及辛勞照顧學生的事蹟，全場氣氛真是令人感動五內，動人眼淚，值得令人一生懷念難忘這個日子。

日後佛教界各個機構，實應於每年這個日子裡，舉辦感謝師恩活動，要與世界接軌，也是對信眾一種感恩的教育，教導眾生要感懷全國出家僧眾師恩之偉大與奉獻，佛說生我身命者為父母，生我慧命者為僧寶，身命以養身，慧命以養性，身命一生即過，續墮輪迴之苦，慧命永生解脫，永超輪迴之苦，其恩大於父母，故世上三寶佛恩難以為報，故供僧功德甚大。

佛於布施經（經集部三）曰：若以上妙飲食供養三寶。得五種利益

一身相端嚴。二氣力增盛。三壽命延長。四快樂安隱。五成就辯才。

如是南贍部洲一切眾生。父母妻子男女眷屬。如上布施。隨願所求無不圓滿。

家師聖印長老，他老人家臨命終前對師父交代之三件事

　　家師^上聖^下印長老，年少出家，出家戒臘五十多年，為人謙和風趣，廣得眾生緣，名聲遠播。二十年前就曾為佛教界北中南三大長老之一。北部白聖長老為代表，中部家師聖印長老為代表，南部星雲長老為代表。

　　家師往生前曾交代師父三件戒慎之事

一、照顧身體為要，不可過度為眾生操勞，以免後悔，生病還是自己受苦。

二、勿與佛教界名師往來，因少數名師所行諸多不如法不如義，令人痛心。

三、佛教界存在種種敗象及不法作風，勿同流合污，要明哲戒身。

　　有關家師交代第一點，師父現在已有覺悟。過去師父執著行菩薩道，想趁一口氣存在及身體健朗時，儘速完成正德各項建設，救度利益眾生，以致於過度勞苦，導致今天身體罹患多種疾病，日後當放慢腳步，完成各項建設。

　　家師的恩德與諄諄告誡，令師父相當感念，他老人家向師父提說這些佛教界種種不為人知的敗象與不義之事，是深怕師父受到傷害，因在家師門下數百位出家弟子當中，在他老人家心中認為師父是最有成就，最具有弘法渡眾的潛力，故他老人家願坦白地只對我一個人提及這些令人傷感的事情，因家師也曾經受到同參道友無情的傷害，要我小心注意，免生道障。

　　最令師父難過的一件事，也令師父最感念家師的一件事，就是家師往生時，師父輪班守靈時，跟隨家師身邊二十年的侍者常順法師，方坦白向我吐露說道：「常律法師，你出家前幾年，經常有多位法師長老，於師父面前嚴厲地批判你常律法師，要家師好好管教你。」但是家師他深深了解師父之行為種種，完全信得過我的僧格，從來不曾向師父訓斥過一言半句，家師的明斷是非、公正明理，著實令師父萬分感動。至今想到此事，內心難免心酸難過不已啊！

中國歷史上以一當百
改造歷史的團結力量大的故事

中國歷史上最出名壯烈的戰爭故事，改寫了中國整個歷史。

鉅鹿之戰：項羽破釜沉舟，以二萬兵馬打敗三十萬秦兵。

濰水之戰：項羽以三萬兵馬打敗劉邦六十萬兵馬。

淝水之戰：東晉謝安以八萬兵馬打敗符堅的百萬兵馬。

佛教徒團結的重要性

師父希望全國佛教徒，能不起分別心，不要分彼此，你是那個山，我是這個山的，勿互相誹謗攻擊，要團結一心，大家都能全心全力投入佛教救人濟世神聖工作，力量才大，即能渡化無量眾生皈信佛門，救渡更多受苦受難眾生離苦得樂。

各家佛寺如同一個大家庭，各道場佛教徒就如同一個家庭內的兄弟姊妹大家要全心全力，團結一心，為這個家奉獻付出，這個家才會興旺發展的。

假使這個家的子女、兄弟姊妹都分心到其他家庭去付出奉獻，這個家必定不能興旺幸福的。同樣地，師父也不希望別家道場的志工分心來我們正德奉獻付出，好好去護持他所依止的道場，如此佛教界各家道場才能平衡地同步發展，不會分散力量，

方能廣渡各類眾生學佛，及救助不同受苦受難的眾生，社會方能
和諧，平衡發展，這方是社會國家眾生之福。

佛門志工的服務態度影響度人聖業之發展甚大

於佛門服務的志工義工或佛教徒，要擁有專業素質及良好服
務態度及忍辱素養，其重要影響力，可度人學佛往生西方，亦可
斷人善根墮落惡道，志工之工作可謂佛門度眾第一大關，是一項
偉大的任務，不可不慎。故行作佛門志工義工時，態度定要謙虛
有禮，講話要柔和如義，柔和的舌可折斷骨頭似的，以四攝法服
務眾生，「布施、愛語 、利行、同事」。

布施──以財物、佛法及去幫助渡化受苦眾生。

愛語──以慈悲語、柔軟語、師父法語去鼓勵安慰苦惱的眾生。

利行──以時間、體力來行作諸善行，擔任志工，為人服務，利
益眾生。

同事──以謙卑、包容的態度去對待眾生與親友，與眾常保持良
好的情誼。

菩薩渡化眾生，應以四攝法對治眾生，令眾生愛我、信我、敬
我、忠我，則可渡化眾生皈信佛門，解脫輪迴生死之苦。師父慈悲
的諄諄教誨，大眾定要聽進去實踐出來，要感恩要報恩，不要再造
業了。

正德慈善文教機構
正德佛堂，正實施 N.T.T.教育

No Trust Twice about Lie 不相信二次的謊

　　師父的俗家姊姊全家移民澳洲，外甥有次從台灣回澳洲時，家姊在他的行李放了一袋花的種子，也無告知外甥，到達澳洲，要出海關時，照例會問旅客有無攜帶違禁品，外甥不知，即回答並無攜帶任何違禁品，當提行李出關時，即遭海關攔住檢查行李，結果被抄出一包花種子，因他的行李被機場的緝毒犬嗅出怪味，因此他被永遠留下不良紀錄，只要他每次出國回到澳洲，全部行李一定得全遭海關詳查之後方能出關，很是麻煩，常令外甥感覺很不舒服。

　　在加拿大、美國、澳洲的洋人國家裡，洋人有一個優質的共通民族性，就是誠實。一向完全相信你的話，不會懷疑你，不像中國人都先懷疑對方所講的話，因中國人民族性較不老實，故長久以來互不信任對方，除非認識很久的人，才會相信你。但是洋人你千萬不可欺騙他，你只要騙他一次，他就永遠不再相信你了。

　　學佛者要提昇人格，首先訓練大家定要誠實，不可打妄

語，學佛才擁有德力，素質方能提昇。所以，師父要大力提倡 N.T.T.運動，不相信你第二次的謊言。譬如：第一次你欺騙師父，就是你將師父當作愚癡，所以方敢騙師父，師父原諒你。但第二次你再騙師父的話，就換我當你是無知，我就永遠不再相信你了，日後你就是講老實話，我也不再信你了。美國有一本雜誌調查報告，世界最不誠實的國家竟然是中國大陸。

中國大陸是全世界公認最不老實最會欺騙人的國家

中國人是全世界公認最不老實、最會欺騙人家的民族，故中國人最為洋人所輕視瞧不起，視為第三等民族。

請問：你們要做低俗的人或低俗的志工嗎？若不要，則從今起，講話定要老實，不可打妄語、造口業、欺騙人家，更不可欺騙師父三寶，罪業更重。

身為佛弟子為人要誠實，則佛教徒素質方能提昇，人人誠實，是非自然也就消除了，道場團體就清淨了，方能感召更多人想要加入學佛行列，渡化更多眾生學佛。假如學佛的人都不老實，喜歡講謊話，請問：誰還敢來學佛？這個道理懂嗎？

中國人是最不老實的民族，太多的台商去到大陸被大陸人所欺騙，師父的在家弟子，很多人去大陸投資，被騙得很厲害，都說大陸人像土匪一樣，他們會利用各種管道及各種關係，設計很

多陷阱，讓你跳進去，你都不知道。

中國大陸，為了吸引我們台商去那邊投資，開出誘惑的條件來吸引你，你所提出來的條件他都答應你，但是當你的生意工廠做大時，他們就不履行諾言，用各種各樣的方式來查辦陷害你，說你違法，甚至使用一條非常令人髮指的惡毒法令要霸佔沒收你的工廠，就是公司逃稅，老闆要判死刑。

所以大陸就用這一條死罪的稅法，來霸佔台商辛辛苦苦所創建的一些企業工廠，很多台商去大陸投資都血本無歸，講起來，實在是讓人痛心到極點，有太多太多令人傷痛的事情，

所以，中國大陸現在經濟那麼發達，其實都是用騙來的，大陸連日本廠商及華僑廠商，都使用此卑鄙下流手段騙取奪取國外廠商，我們台灣人真笨，為什麼還有那麼多人要到大陸去投資，好奇怪，正德有太多的信眾，包括師父所認識的親戚朋友或信眾，到那邊投資，當你做大的時候，都被大陸的稅捐處或國稅局來查稅，一查說你逃漏稅，判死刑。

有的為了逃命，幾年來辛辛苦苦在大陸投資幾千萬幾億的大工廠設備都送給他們了，有的還游泳逃命回來，逃到金門呢，以前在電視台開播一個節目，報導不少台商受騙的那種淒慘的那種過程，也邀請很多受害台商現身節目中投訴種種慘狀。

最近師父有個親戚到大陸去投資製作佛像工廠好多年，都沒什麼事，忽然間，當地的稅捐處就要來查稅了，真的要查，每一家公司都有問題，哪一家公司不逃稅的，他就怕了，趕快回到台灣來，整個工廠都給他們算了，中國大陸人都來這一套，所以中國大陸這個情形是用騙來的。

中國大陸的人，用那種極其卑鄙、威脅、恫嚇的手段，使用他們那種惡法來強佔你的財產及工廠，真是欺人太甚，吃人夠夠。

台商都描述說，公司設在大陸，得請一些大陸主管，主管都知道你公司的運作情況，與外面的一些官員勾結，就密報檢舉，就叫大陸的稅捐處或公安來查你，到最後要判死刑，大家怕就整個工廠都給他，所以你們沒有聽到的，都不怕，傻憨的。

很多台灣人賣田賣房子，去大陸投資工廠，在那裡投入很大的心血時間，妻兒舉家全移居過去，整個家產都投資在那裡，卻被大陸人整個霸佔了去，大陸人有夠可惡的，咱台灣人不要再傻了，要投資去別的地方投資。

甚至有很多的台商在大陸被謀殺奪財，報紙上沒有報導的事件說不完的。大陸文的就是用正式惡法，將你整個企業綁架霸佔，武的就是用黑道將你霸佔，所以中國大陸人是全世界最不老實惡劣霸氣的一個低俗民族，真是很糟糕，洋人都看不起中國

人。

所以師父要提倡N.T.T.運動，No trust twice about lie. 不相信第二次謊言，讓你騙一次，我讓你當作傻子愚癡，你騙我第二次，換我當你是無恥的。學佛，要老實啊，不要騙人家，人家說，蛋再密都有縫，總是有一天，人家知道你騙他，咱人格就被人家看貶，台灣話說，咱們的人格被看衰尾，這樣做人何苦。

人哦，要重視人格，人格重於我們的生命，人格是咱們第二個生命，咱們一個人沒人格，去到哪裡，人家都看不起你，人家都會防你，你的人生路，就越走越窄了，你要對人老實，你對人家老實來，人家就對你老實去，人生路才能越走越寬大，寬則光明通達。

正德佛堂觀世音菩薩
靈感事蹟

演如師親戚兒子騎車摔倒昏迷，被陰靈干擾，半夜不敢睡覺，求神問卜無效。誦經念佛布施功德超度，終而化解。

師父曾經開示，所謂「冤親債主」即我們上一輩子欠人家的債物不還、或奪取霸佔人家的錢財利益、或殺傷人家的身體性命、或殺生吃食無數動物、或是欺騙人家感情，讓別人精神上受到苦難等所集造而來。無論情債、錢債、仇債都叫做冤親債主，要解開這些冤業，唯有不斷的做功德，讓祂們心開意解、解冤釋仇。

而冤親債主又分現世及累世的，現世不解，則成累世；累世若不解，則此生當中，會不定時地發生一些人力所無法抗拒之災難，諸如：

師父有一個親戚的兒子在九十五年六月時，到卡拉OK唱歌，因有喝了一點酒，在騎機車回家的途中自己摔倒，結果機車毀掉了，人也昏迷好幾天才清醒過來。雖然經過治療，已有好轉的情形，但自昏迷清醒後，每晚要入睡時，便常常看到有一股陰

影、黑影呈現在他的眼前，嚇得我的親戚的兒子不敢睡覺，心裡非常害怕恐懼。

他的母親得知他的情況之後，到處去求神問卜，事隔半年多，情況還是沒有改善。有一天我打電話回去俗家找我的母親，我俗家母親告知我這位親戚兒子的情況，我即主動打電話給他，希望他能到新營分院來一趟，由我協助他請示觀世音菩薩，看到底是何種因素，使他晚上無法入睡且常常看到恐怖的黑影。

經過菩薩指示後，得知是被車禍死亡的孤魂干擾纏住，要其到埔里大佛山立一年的牌位及超拔，引導車禍死亡孤魂至埔里大佛山修行，也要稱念阿彌陀佛聖號75萬聲以及認捐僧伽癌症醫院基金每月1000元迴向給袛，只要誠心依照菩薩的指示去做，情況就會有所改善。

碰巧三月廿五日埔里舉辦清明超拔法會，亦可安奉牌位，因此到埔里除為車禍死亡的亡靈安奉牌位外，也藉由這個因緣為其超拔。自從在埔里大佛山為其亡靈安奉牌位及超拔後，我那位親戚的兒子晚上入睡時，已不再有黑影出現，情況已獲得改善了。而且有很多到過埔里大佛山的地理師都說那裡是寶山地，我們若能將祖先的牌位安奉在埔里大佛山，未來子孫人才輩出。

美國一位傑出的殘障運動員羅傑的奮鬥故事

　　羅傑是美國第一位獲得網球協會授證為專業教練的殘障網球選手，羅傑在大學時代，曾參加過多場網球比賽，卻能經常取勝，贏得大家的讚賞，他的球技甚至贏過身體健全的選手，可以說爆發力驚人。他在高中時代也是一位足球的校隊隊員，最令人驚嘆的就是，羅傑在出生的時候，兩隻手是沒有手掌拇指的，他兩手的拇指都長在左右前臂，他沒有手掌，兩隻手伸出來就是左邊一個大拇指，右邊一個大拇指，他沒有四個指頭，只有一個指頭而已。

　　他左腳有萎縮的現象，右腳只有三根腳指頭，他的左腿後來也被截肢掉，醫生表示說，羅傑是患了一種罕見的先天缺陷症，醫生說羅傑可能永遠都不能走路，還好羅傑父母親，並沒有相信這位醫生的話，羅傑說，我的父母總是告訴我說，殘障只有自己認為是的時候才是，他們從來不准我對自己感到抱歉、感到可憐，或是要利用自己身體的缺陷來佔人家的便宜。

　　羅傑又說，有一次他因為學校要交這個學習報告及功課，老是遲交而惹上了這個麻煩，因為，他必須要用兩個手握住這個鉛

筆，慢慢的寫，他在寫功課報告，一向都是寫得很慢，所以，常常遲交這個報告的功課，老師甚至要求說，父親能寫個紙條給老師，讓老師准許他延緩兩天交作業。

但是，相反的，他的父親卻要求他要提早兩天開始寫功課，羅傑的父親總是鼓勵他要多參加運動，他的父親教導羅傑玩接排球的這種運動，甚至還跟他玩起足球來。

羅傑十二歲的時候，爭取到參加學校的足球隊，甚至他還能達陣得分。羅傑說，我在打球時，學到一個很好的教訓，你無法做所有的事情，所以，最好是集中心力在你能做的事情上，羅傑可以做的一件事情，就是他能揮動網球拍。

他必須要用兩手的大拇指夾著球拍打網球，當然剛開始練習時，是很吃力，幸好羅傑在體育用品店，發現一支長相奇特的球拍，那合手的握拍，讓羅傑可以像四肢健全的球員一樣的揮拍這個網球拍，所以，他每天可以說是非常的勤奮練習，沒有多久他就參加了比賽；當然剛開始比賽，是不斷的輸球，但他總是不服輸，更加的努力的練球，終於轉敗為勝，以後就經常贏球，甚至打敗了正常體格的選手，當羅傑進入大學繼續打網球時，他竟然以二十二勝十一敗來結束他的網球的生涯。

後來他竟然成為美國第一位獲得職業網球協會授證為專業教練的殘障網球選手，令人嘆為觀止，羅傑現在大部分的時間都巡

迴各個學校團體，去演講分享如何成為贏家，不管你是怎麼樣的人，天生我才都必有用。Anybody can do something！

　　就是他教導大家的一個哲理，他說，你們和我唯一差別的地方是在哪裡呢？

　　就是你們可以看見我的缺陷，但是，我卻看不見你們的缺陷，其實，我們都有缺陷，當有人問起我是怎麼克服我身體上的缺陷，我就告訴大家說，我並沒有克服任何事情，我只是了解我所不能做的事情，例如說彈鋼琴或是要用筷子吃飯，因為那要用五個指頭，他沒有辦法做，但是最重要的是，我了解我所能做的，然後我就全心全力的投入去做，做到成功為止。

　　羅傑的故事，又讓師父想到我們台灣一位口足畫家楊恩典的奮鬥故事。楊恩典就是生長在六龜孤兒院，她幼小時，就曾經

被已故的總統蔣經國先生抱在懷中而成為聞名全國的人物，上一次我們正德醫院高雄總院就曾經請這個楊恩典女士來我們總院演講，並當場作畫；她也是一個殘障者，她甚至兩隻手都已經斷掉了，就剩下兩條腿，還有這個嘴巴，她靠著她的嘴巴還有兩條腿來做事情來畫畫，也創造她輝麗的人生。

所以下一篇，大家來看看楊恩典的奮鬥故事，這個殘障人士往往都以他們堅力不拔的力量，克服他身體的缺陷而創造出傲人的成就，都是因為永不向缺陷低頭，永不向困難逆境服輸，所以才有辦法克服生理的缺陷而創造傲人的成就，如佛教所説的，萬法唯心造，心用為大的道理。

所以一個肢體殘障的人，卻能比一般身體健康的人創造出傲人的成就，這完全在於我們心力問題，我們一個健全體格的人，面對任何困難、打擊、挫折時，都要忍受以對，必須要盡力去克服而不要服輸，也不要被打倒，只要你勇往向前，你盡你的心力去投入，做你所認為對的事情，朝著一個目標去做，你要下更大的苦功往前走，有一天你一定會達到目標而有所成就的。

擁抱生命——楊恩典

未來會發生什麼事情，我們沒有辦法去預料，但是，我會把握生命的每一個今天——在我生命的每一分鐘……

　　今天是個下雨天，看到各位這麼踴躍的出席，這麼的熱情，讓我非常的感動，覺得人間處處有溫暖，也非常感謝正德社福基金會給我這個機會，來到這邊跟大家一起分享我的心路歷程。

　　在這裡我可以跟各位談的是，其實我跟各位一樣，是一個很平凡的人，唯一不同的是，可能看到我的外在少了一雙手，腳少了一根小腿骨，所以，從小到大，除了六龜育幼院是我的家以外，另外一個家就是醫院，一路走來，經歷了許多次的手術。每一次在面對手術的時候，我告訴自己，不能因為自己先天的缺陷，就打敗了自信心，我一定要跟生命挑戰，把生命的光芒綻放出來。

　　有很多人問我，為什麼我的名字叫做楊恩典，我的爸爸是六龜育幼院的楊牧師，他收養我之後，把我取名叫恩典，因為他相信神的恩典，夠我一輩子用，不管在任何時候，只要我需要，我隨時跟旁邊的人講一聲，我可以很明顯的感受到人世間的愛，真的是處處都看得見。

　　楊媽媽是育幼院的院長，我從小到大離不開她，她就是我的依靠，在我很小很小的時候，我看到別人都有手，為什麼我沒有，我跑去問媽媽：「什麼時候，我的手才會長出來？」媽媽沒有回答我，她掉著眼淚，把我抱在懷裡，然後告訴我，她說不管怎麼樣，爸爸媽媽對妳的愛，還有周遭的許許多多人對妳的愛與關心是永永遠遠的，叫我不用擔心，相信我這一生，一定有上帝的眷顧，以及許多人給我的幫助。

　　所以我這一生當中有許多的貴人，記得在我三歲的時候，蔣故總統經國先生告訴我一句話，他說：「妳雖然沒有了手，但是還有腳，一樣可以做很多很多的事情」，就因為這句話，帶給我日後的人生，轉變非常的大，因為我知道其實腳跟手是一樣非常的好用。

　　曾經遇過一個日本人，一個非常有名的企業家，他告訴我，一個人天生有手不去用它，不去做事，那等於是沒有，那妳有雙腳，妳把雙腳代替了雙手，所做的事情，相信遠遠超過了腳它所運用的功能。

　　我聽了之後覺得非常有道理，其實我們人在各方面，真的是有許多的潛能，有的是我們沒有發現到，有的是必須經過事情的歷練，才能感受到，才會去發揮出來，因為世界上有許許多多的事情，是我們沒有辦法去預料的，所以我一直對自己講，「今天不做，可能明天就後悔」，這句話是經國先生的名言，我也告訴

自己，未來會發生什麼事情，我們沒有辦法去預料，但是，我會把握每一個今天，我生命的每一分鐘。

常常會在報章雜誌看到一些負面的消息，讓我覺得很感嘆，因為很多人在生命當中，拼命的在挽留，可是有一些人在生命當中，卻一直在浪費，讓我一直想不透，為什麼差別那麼大。我在很小的時候，媽媽教導我，做任何事情都必須要靠自己的雙腳，真的做不到，再麻煩別人，記得在小時候，媽媽就把筆放在地上，看我會用什麼方法去拿這個筆，她原本的想法，認為我可能會用嘴巴去咬這支筆，她沒有想到我會用腳夾這支筆，看到我能夠用腳夾筆寫字畫畫，她非常的高興，她也讓我跟一般的小學生一起上課，一直到高中畢業，我都是在一般的正常的學校受教育，唯一不同的是，無法跟一般的小朋友上體育課及升降旗，在這方面學校非常的體諒我。

當我在學校讀書的時候，我的桌子都是經過特別設計的，所以我一直覺得我只是外在的不同，但是我的心還是跟一般人一樣是健全的，媽媽告訴我，她沒有辦法陪著我一直到最後，生老病死是每一個人都會遇到的，媽媽也不例外，她要我堅強獨立，什麼事情都盡量讓我自己做。

我的媽媽是一百多個孩子的媽媽，培育過的孩子，差不多有六、七百位，我只是其中的一位，看到媽媽對每一個小孩都是一樣的，甚至於在小的時候，我親眼目睹，媽媽為了要照顧小嬰

兒，沒有一天覺是睡得好、睡得安穩的，因為我的身旁都有一些小朋友及一些小BABY，我告訴媽媽為什麼不給老師帶，為什麼要自己帶那麼多的小孩，這樣子不是很辛苦嗎？她說那不一樣，除非小孩子成長到某一個階段，才會轉交給老師，幼稚園以下的小孩都是媽媽自己親自照顧，包括我在內。

我看到媽媽睡覺的時候，從來不把腳放在床上，就覺得很特別，媽媽為什麼要如此折磨自己，要把雙腳放在地上，這樣睡得既不舒服又不安穩，媽媽告訴我，唯獨這樣才能聽到小孩子的哭聲，如果睡得太沉反而不好。我聽了以後非常的感動，媽媽是神給我的愛，真的，我隨時只要想到媽媽，我的生命就很豐富，就已經足夠了。所以有很多人問我，有沒有想過要去找自己的親生父母，也許有，但是這已經不是很重要了，因為我有很愛我的爸爸媽媽。

記得小時候，每當我發燒流鼻涕時，媽媽常用她的嘴替我把鼻涕吸出來。我常在想，如果有一天，我結婚生子，會不會用這樣子的方式來對待我的小孩，我可能做不到，因為以現在的人來講，可能會有更好的方法，把鼻涕弄出來。

所以，我常告訴自己，媽媽的愛真的是很偉大，就算是我自己也無法面對如此特別的方法，來照顧自己的小孩。我以後該用什麼方式來回報爸爸媽媽，因為自己有許多的不方便，自己做的事情也有限，我常禱告求神給我一條出路。

　　以前從來沒有想過會畫畫，但是在我小學五年級時，跟爸爸的朋友王伯伯學了書法，在我國中畢業之後，看到同學有的繼續升學，有的到一般公司行號上班，例如讀高中一定要住在外面，我若住在學校真的有許多的不方便，我便找了一間離育幼院最近的學校，每天往返，如此維持了三年，直到高中畢業。

　　從小對於美的事物我都非常的喜歡，我告訴爸爸我喜歡畫畫，爸爸說：「沒關係，我們盡量找老師教妳。」於是，我被安排到台北拜師學畫。每天自己去老師家裡上課，但得先克服障礙，由於老師家的門鈴好高，我每次得想盡辦法按到門鈴，通常我會用口咬著筆或筷子去按到。此外，就是搭乘計程車，對一個來自鄉下的女孩而言，這是一件令我憂慮的事，因為我不知道自己遇到的計程車司機是不是好人，所以，每天要上車之前，我都會先禱告，祈求上帝給我安排一個好司機。而下車時，當司機看到我是用腳把皮包打開來付錢時，通常會說：「你自己留著用。」只是，我覺得這是他們應得的部分，我還是堅持把錢付給他。

　　記得第一次畫牡丹的花苞，因為還不太會控制水分，結果水一直往外擴散，大的像個桃子一樣，這是一個失敗的半成品，但是，我的爸爸看了顯得很開心，就說，「這是壽桃，可以拿去給蔣奶奶拜壽用。」爸爸的鼓勵方式與想法總是很特別。例如開畫展時，藝術創作者，最希望的就是受到肯定，包括我在內。

　　記得生平第一次的畫展，就是參加口足畫家聯展，直到展期的最後一天，我看到自己的畫貼上紅標籤，這表示作品已被訂走了，我非常的高興，也非常的感動，希望能跟買主見個面，說聲謝謝，結果一直不能如願，因為他沒有留下清楚的地址。直到幾年後，有人告訴我，買走我的畫的人，就是最愛我的爸爸，他為了要幫助我，深怕沒有人會買我的畫，怕我以後沒有信心會氣餒。

　　我就問爸爸當時為什麼要這麼做，其實爸爸要多少幅畫都可以跟我講，我都可以畫給他，可是不需要用買的呀！爸爸說唯獨那樣子才能鼓勵到我，因為他知道這是我第一次開畫展，尤其是跟口足畫家一起開聯展，心裡渴望被肯定鼓勵是多麼的重要，爸爸說：「只要能夠鼓勵妳，花再多的錢都是值得的。」

　　在學習國畫的過程裡，爸爸媽媽買了最好的畫具給我，牡丹花一盆五、六千也買給我，媽媽都是陪著我作畫的，有的時候偷懶，把畫放在一旁，媽媽就把畫撿起來，從來沒有學過畫的她，自己摸索，用心把畫完成，讓我看了以後，覺得在這個世界上，再也找不到像他們兩位老人家，對我那麼好的人了。

　　直到一年前，媽媽跟我的男朋友，也就是我現在的先生說，育幼院有那麼多的小孩，可是她唯一放不下心的小孩就是我，她說：「恩典的前半輩子我能夠照顧，可是現在我的身體不好了，我不能夠再照顧她，覺得很難過，以後萬一我走了，她怎麼辦？」我的先

生聽了以後非常感動，他説我的媽媽年紀那麼大了還在替我想，我的先生就很有自信的跟媽媽保證説：「沒有關係，恩典的前半生是由妳來照顧，後半輩子就由我來照顧。」

結婚以後，有一天，半夜睡不著，因為頭很癢，問先生可不可以幫我洗頭，因為以前我都是上美容院洗頭，他回答説：「再晚我都幫妳洗。」讓我非常感動，「要不是你願意幫助我，可能沒有辦法睡得很好。」他説：「妳不要謝我，如果真的要説謝謝，就謝謝妳那偉大的媽媽，要不是妳媽媽的愛感動了我，我可能今天沒有辦法領悟到那麼多的事情。」

平常在家裡有些事情我都盡量自己做，但是出去外面，我就沒有辦法，比如上洗手間，就必須要有人幫忙，我到底是要去男廁所？還是女廁所？當我在猶豫時，我的先生就説：「為什麼要那麼在意呢？就像爸爸或媽媽帶著一個小孩上廁所是一樣的，他們一看就知道這個小孩需要幫忙，所以不管是到男廁所還是女廁所，有什麼關係？這需要解釋嗎？」我看到先生這麼坦然的一顆心，讓我覺得其實有很多的時候，想得簡單一點反而比較好。

今天非常謝謝正德社福基金會這麼用心的協助與適當的安排，讓我感受到你們的尊重與細心，也感謝各位前來聽講，期望今天的演講內容能讓大家對生命有更深的體認，是個豐收的一天。謝謝大家！

玫瑰羅絲女士的愛狗故事

　　玫瑰羅絲女士將拯救台北市的流浪狗，視為她一生的使命，羅絲自從二〇〇一年以來，就與數位熱忱的志工們持續一星期有兩次拜訪這個基隆的一間狗兒的收容所，他們盡自己的所能來認養許多流浪狗。有時候，玫瑰羅絲會有多達十四隻狗跟她住在一起，這個收容狗的收容所，因為面積小、空間不大，所以非常的擁擠，疾病在狗之間散播得很快，這些環境十分的骯髒，擠在狹小的籠子裡，最糟的就是說，在幾個禮拜之內，沒有人家來認養，有些狗都要被迫安樂死。

　　玫瑰女士第一次看到這收容所狗兒的悲慘情況，她就下定決定要採取行動來改變狗兒的這種現況，但是她說，她無法拯救所有的狗，她可以給其中一些狗生命的力量，當然，玫瑰女士無法收容每一隻她認養的狗兒，但是她盡量試著為牠們找到溫暖的家。

　　首先她就和她的助手們帶著狗到獸醫那邊治病，她會跟助手將這些流浪狗的照片刊登在網站之上，這個網站一直是為幫助這些狗兒找到溫暖家庭，是一個很好的廣告媒介方式。

　　自從玫瑰羅絲展開拯救了這個流浪狗的計劃，五年來已經為了五百隻的流浪狗找到很棒的認養家庭，但是，羅絲她不會說，

因為這個狗兒被人家認養了，就忘了牠們，她還是隨時去關心牠
們。她承認說，她跟這些狗兒產生了感情，所以，她會持續的用
電話或電子郵件跟這些認養的家庭保持聯繫，甚至追蹤，來確定
這些狗真正過著幸福的日子，然後她才放心。

　　她希望有一天，台北市再也沒有流浪狗出現，只要有流浪狗
存在，那麼玫瑰女士就會繼續為了拯救台北市的流浪狗而奮鬥下
去。

　　這個故事給我們一個啟示就是，狗是我們人類忠心的朋友，
往往現在的人不如狗，現在無情無義的人佔多數，需要你的時

候求你，將你當作一位老太爺似的，將你當作觀世音菩薩似的禮拜，等到你幫忙他的困難解決好了，他就忘得一乾二淨了，不認識你是誰了；所以，現代人都比較不知感恩報恩，有困難的時候，認爹認娘的，沒有困難的時候，當作你是陌生人。

不說社會如此，佛教界也是如此，佛教界像我們佛堂，有些眾徒困難的時候，天天來求佛堂幫助；當佛堂解決他的問題，要他們來佛堂服務時，沒有多久就見不到人影了，所以，狗往往是比人類還忠心。

在我們社會上發生很多狗為主人守靈守魂，狗為主人犧牲生命的事情屢見不鮮，所以狗是比人還忠心。我們不可說需要牠的時候，就靠牠來慰藉自己精神，孤寂的時候就養牠，不需要牠的時候就拋棄牠，這是很不仁道，我們試著想想你自己，有一天被家人拋棄的那種感覺。

狗也是有靈性，狗也是一個生命，一個人是高等動物，狗是比較低等的動物，但是狗跟人一樣具有靈性的，我們要體會，凡是眾生都是平等的道理，更要體會佛所說的，每位眾生可能前輩子都是你的累世父母兄弟來轉世的。

所以，我們就不應該去拋棄牠們，要養到牠往生為止，而不應該惡意的拋棄，我們所養的這隻狗，就像說我們不應該惡意拋棄久病的親人父母一樣的道理。

　　現在的人比較不孝順父母親，所以往往老人家生病久了，就沒有孝子，現在社會，真的很多被家人惡意遺棄的癌症患者，像我們正德醫院彰化分院有一位大陸來的員工，她是從上海嫁過台灣來，當她罹患癌症時，她先生就拋棄她不管，像我們高雄有一位義工，國小的李老師，當她得到癌症時，身體自己不能作主，需要靠人家餵食，靠人家服侍大小便，結果她的先生，就將她送到老人院自生自滅，師父去看她的時候，她非常哀嘆，在老人院過著不是正常人的生活，因為老人院的人手不夠，每一頓飯一個護理人員同時要用一支湯匙來餵食七八個老人吃飯，老人有時候同時都要大便小便，往往都沒有辦法即時為他們清理大小便，就將大便小便撒在這個床上或椅子上，很多老人的背部都長了濕疹。

　　一般的老人院，因為護理人員人手缺乏，所以造成很多老人受到不仁道的照顧，她先生將她送到老人院去，久久才去探望她一次而已，所以現在被惡意遺棄的癌症病患是越來越多，這就是師父為什麼要花數十億元的龐大經費，來蓋全國第一家醫療最完善的癌症醫院，來照顧這個被遺棄的癌症患者以及出家人或癌症的窮困者。所以我們大家應該要共襄盛舉，有錢出錢、有力出力，共同來完成師父偉大的志業，一個家庭，一天省下菜錢十塊錢，就可以蓋建一家宏大的癌症醫院來救人濟世，長年累月救治無依無靠的癌症患者，大家功德無量也。

富留子孫種下惡果

孩子變得只知享受，不知義務

今年四月十六日，台南市爆出一家四口燒炭自殺的人倫悲劇，二十八歲的張智凱帶著妻子與五歲長女、五個月大幼女，輕易的結束四條寶貴的生命，自殺原因，只因為高中音樂老師退休的媽媽不借給他三十萬元！

悲傷的母親，即便面對兒子指控「媽媽愛錢更甚我的生命」，深痛之餘，仍然替兒子說話，認為是媒體亂寫，「他其實很乖。」

老鄰居看到的則是，失婚獨立扶養張智凱長大的陳玉霞，在張智凱從小到大的成長中，只要是張智凱開口要的東西，幾乎沒有說不的。

美國威斯康辛大學博士、東吳大學社會系副教授吳明燁觀察指出，在這個家：「呈現的似乎是孩子只有權利，沒有義務。」這個永遠只負責享受的孩子，最後走上的是富裕病的最惡後果。

外國人稱台灣為Boss Land，因為台灣家族對子女高度的經濟支持，讓許多人不需要理性計算風險，就可以隨性創業。「因為得來容易，所以台灣創業的年輕人投資報酬率常算不清楚。」南華大學社會科學院院長翟本瑞說，同樣的，在花錢時，年輕人也

預期將來會從家裡繼承財產，而有恃無恐。

讓孩子走出「金鳥籠」教導正確用錢觀念，為自己負責

中國人常說「富不過三代」，但這並非打不破的魔咒；深入了解一些能夠富過好幾代的家族，對如何與財富相處，都有非常嚴謹的教養。

就像德國最老的投資銀行梅茲勒（Meztler）家族，他們教育下一代要富過三代的秘訣只有一個：不讓孩子關進「金鳥籠」；他們的小孩上地區最普通的學校，每天走路去搭公車上學，與所有同學一起玩耍、一起生活，吃同樣食物。

世界上最富有的家族——沃爾瑪集團的華頓家族，已逝的董事長山姆‧華頓（Sam Walton），奉行的財富教育核心理念是「勞動讓人有價值」。老華頓從來不給孩子們零花錢，他的四個孩子很小就開始「打工」，在商店裡擦地板，幫忙修補倉庫的房頂，晚上幫助裝卸簡單的貨物，老華頓則根據一般的工人標準付給他們「工資」。

這一代華人富裕家庭的青少年，是在「漏斗型」的資源灌注下成長——台灣出生率是世界倒數第一，全台平均值只有1.2%，居民社經地位最高的台北市，出生率更低至1.04%。因此，富裕病毒對華人的考驗，將比SARS（嚴重急性呼吸道症候群）更為嚴峻。你的孩子，做好防疫措施了嗎？你的財富教育啟動了嗎？

正德佛堂觀世音菩薩
靈感事蹟

罹患嚴重婦女病，多年求醫吃藥無效非常痛苦，參加
三昧水懺而痊癒

　　曾經新營分院有位志工，在還沒接觸正德佛堂以前，即有婦女方面的毛病，往往生理期長達十天以上還沒結束，便要到醫院打針止血，否則無法停止，看遍很多中西醫都沒有效果，也請教過醫師，做過子宮抹片檢查。結果檢查報告出來，醫師告知其子宮內有一血塊沒有排出，以致體內好的及不好的血，都一起排出，所以只要月經一來，整個人面色即非常蒼白難看，有如虛脫一般，這種情形已經困擾她5年多了。

　　她的同學是我們正德佛堂的長期會員，所以她每個月有固定收到慈音雜誌，而且也有索取及助印因果治病改命法這本善書，因此由這本書得知正德佛堂的觀世音菩薩非常靈感，其中正巧有一篇靈感事蹟的分享內容和她一樣，有這個血流不止的症狀，在經過請示菩薩之後，按照菩薩指示的干擾對象，馬上為其報名辦理超拔做功德，其血流不止的情形便停止了。

　　大約在九十五年四月時，她抱著半信半疑的態度，來到新營分院請師姐幫她**請示觀世音菩薩，請示結果乃她個人的冤親債主及過去世的父母在干擾，只要為其辦理三昧水懺法會的超拔及虞**

誠參加拜懺，病情就會好轉。

不巧，法會期間又碰上她的生理期，她便虔誠祈求菩薩能讓她順利參加法會拜懺，在佛菩薩加持力量下，果然得以順利圓滿參加此次法會，而在回家途中，感覺原本像打開水龍頭般渲瀉而下的情況，經過這一次之後，意外的隔天便止血了。這種大量出血的情況，至今一年多來，都不再發生，她的情況也都恢復正常了。因此，為了感謝正德佛堂的觀世音菩薩及師父開闢請示方便法門，她發願要跟隨師父，目前已成為正德佛堂新營分院的正式志工。

所以一個經常為親人超拔的人，其家庭必定平安，事業必定成功，身體也會越來越健康。就像前來正德辦理超拔者當中，有許多原先醫生宣判不治之重症、不明病痛或精神症，因超拔之後而奇蹟式復原的，或孩子不乖學壞、成績不佳，因超拔之後而變乖巧成績進步，有人長年病痛因超拔之後而康復，有人生意不佳因超拔之後而興隆，有家庭吵鬧不休因超拔而安定，類似案例比比皆是，大家也常聽到他們的分享，故超拔是改變命運最直接的法門。

所謂超拔，其實最重要的是超度我們自己累世所造的諸惡業、煩惱、痛苦、不如意、病痛等等，將全部藉由超拔功德力量而獲得釋放與平靜，進而解脫煩惱，因此超拔最大利益者，其實正是超拔的報恩人啊！

一位加拿大青年為維護全世界孩童的權利而奮鬥的故事

　　有一位名叫魁格的十二歲加拿大的小孩，他有一天早上在報紙看到一則新聞，當讀到一個巴基斯坦的小孩在四歲的時候被迫去當童工，從事長時間的織地毯的工作，八年後獲得自由之後，卻被謀殺了，據推測是因為他表達了反童工的言論而被人謀殺。

　　這篇文章，使魁格感到非常的震驚，不久之後，他得知在這個世界上有超越兩億五千萬的童工，都處在半危險的環境中工作，他就邀集了一群朋友，開始討論如何伸出援手來幫助這些童工脫離這個危險的工作環境。

　　他們首先就組織了一個名叫解放兒童的組織，著手寫信給全世界的領袖人物，要求協助禁止這個童工工作的事情發生，他們也開始教育民眾的這個問題，還分發傳單，並向各國的一些社團呼籲，今天這個協助兒童的國際性組織，已經遍佈了三十幾個國家，超過十萬人的這個年青人，投入這個組織的工作，成長驚人。

　　他的成就是顯著的，這個組織也募款建造了三百所學校，提供了超過一萬五千名孩子的教育機會，也分發出十萬多份的學

一位加拿大青年為維護全世界孩童的權利而奮鬥的故事

　　校用品，包含了孩子在學校所需要的基本用具，他也分發於開發
中國家價值兩千五百萬以上的醫療用品，還說服了幾個國家的政
府，通過了更嚴格的孩童保護法。

　　魁格去年從加拿大多倫多大學畢業了，他把他大部分的時間
放在領導這個國際性的組織，他也已經造訪了四十多國家，去探
望童工和露宿在街頭的這些孩子，他也和許多世界國家的領袖會
面，包括教宗諾望保羅二世以及達賴喇嘛。

　　魁格他不懈的努力，去年他也獲得諾貝爾和平獎的提名，但是他並不需要以一個獎來鼓勵自己，來讓自己知道所做的事情是多麼重要，對魁格來說，數以千計命運獲得改變的生命，才是他最大的報酬。

　　從一個加拿大年青人為全世界孩童的權利而奮鬥的故事，我們得到一個啟示，就是說一個人往往他當下的發心，就可以解救無數人的生命，還可以讓無數人脫離這個痛苦而得到幸福，像類似這種由一個人來發起的國際性的救援組織，來解救各種不同階層的人類痛苦，好像都發生在國外。

　　我們台灣，中國都不曾說，有哪一個年輕人或哪一個小孩，能自己組織國際性的組織來利益不同年齡層的這些受苦的眾生，我們在台灣還有中國，很難看到有這種類似感人的故事，在國外，甚至連小孩子，他看到某一種可憐的這種景象，他都發這個無量的慈悲心，然後他會帶動很多人出錢出力來協助受苦受難的世界各階層的民眾。

　　像上一次，師父介紹美國一個女孩子，她只有看到說那個寄養家庭的孩子沒有這個玩具熊，沒有一些學校用品，她就馬上自己組成一個組織，然後就到處募集很多泰迪熊及文具用品，送給全國各地的這個寄養家庭的兒童使用，她那時只有九歲啊，九歲的小孩子就能啟發這麼大的慈悲心，然後自己組成全國性的組織，甚至連柯林頓總統都捐泰迪熊給她，讓她將泰迪熊再轉贈給寄養家庭的孩

子。

所以在美國，加拿大，還有其他歐美國家都發生類似這種感心的故事，都是由年紀輕輕的小孩子或年青人組成國際性組織或國家性的組織來利益各階層不同的民眾。

想想我們自己，每天都自私的只為自己追求名利，追求自己的事業，從來很少人說要發這個大心來組成不同的國家性組織或國際性組織來協助利益各種不同的眾生。

像魁格的這種心，就印證了佛教的慈悲喜捨四無量心的精神，有時候，我們佛教教理都講得非常好，非常的慈悲，但是往往講的跟做的落差很大，講得倒是冠冕堂皇，講得倒是動人，講得令人真是很感動，但是實際上，卻沒有真正付諸行動。

所以，現在台灣佛教界，一定要大大的修正自己的行為，然後要大大提昇自己的慈悲心，一定要付諸實際行動，而不是紙上談兵，光說不練，俗言說，坐而論道，不如起而行之。

所以，中國人台灣人的這種民族性，講得都很好聽，那麼真正能做出來的卻是很少，我們台灣佛教界也是落入這種迷思的現象，很多人看到很多受苦受難的眾生，都知道說要去救他們，有很多人都有發這種慈悲心，但是就是不會付諸行動，等於是空談理論，等於是空發慈悲心啊，學佛修行都是要講求實踐佛教講的信解行證的道理，就是你要去信，你要去了解，你要去行嘛，你

才能證明說你的慈悲是真實的，你是在行菩薩道，否則，講，大家都會講。

尤其像我們在台灣南北兩地的佛教徒，台北地區的義工信眾，大家都很會講，意見都講得很好，講得頭頭是道，那麼等你問他說，你講得這麼好，那請你撥時間出來參與好不好，他就說，師父，我沒有時間，你們自己去做就好了，講得比做得好聽啊，而南部的信眾義工就不一樣了，他們比較不會去策劃，沒有什麼意見，他們只會聽從師父指導去做去行動。

南部的信眾義工，說得少，做得多，北部的信眾義工，說得多，做得少，不符合佛教信解行證的慈悲精神及菩薩道精神，菩薩道都是要身體力行的，而不是光說不練的。

希望大家以後看到任何可憐的眾生，不管是哪一類的眾生，哪一年齡層的眾生，有困難有苦難時，我們都能真正的付諸行動去救助他們，就像這個加拿大的年青人魁格，在他十二歲而已，只看到報紙一個新聞報導說，巴基斯坦一個小孩在四歲被迫去當童工然後從事長時間的這種工作，被剝奪自由，他就開始組織國際性的組織要來救濟全世界這種被虐待的這些童工，你看一個人的發心，當下就解救這麼多全世界受苦受難受虐待這些童工，這種精神真是偉大可敬可佩。

一句成語叫功不唐捐的故事

功不唐捐是來自我們佛教的《法華經》裡面的經文，意思說世界上沒有一點功德是白作白付出的，也沒有一點努力是白費的，一個人的努力在我們看不見的時候，它會生根發芽開花結果的，現在種下的善因，未來當結成善果，而不會憑白消失，無所得無所報的。

現在你假使護持三寶或是在慈善機構當志工義工，或是你現在行善布施它會生根發芽、開花結果，將來成熟的時候，自然會獲得無量的福報，最後受益的還是你自己。

今天來為大家講一個功不唐捐的真人故事，這是發生在高雄一位陳瑞真居士父親功不唐捐的真實故事。陳瑞真居士父親往生後，不久，有一天下午的家裡電話鈴響了，要找陳先生，陳居士就告知對方說，他的父親已經往生了，正在辦喪事，有事可以找他代辦，對方就說這是孤兒院，早在民國八十九年因為孤兒院的經濟拮据，就刊登在報紙上，陳先生有匯款來，如今孤兒院又多出了幾位孤兒，經濟又面臨困難，不知陳先生是否可再伸出援手。

　　陳女居士就回應對方說，父親會很高興，你們又給他一次行善的機會，我很樂意的來代父親行善，我會匯款給你們，陳女居士放下聽筒之後，心就想說她已經半百的人，也從來未聽聞過父親提起這件事情。

　　到了晚上，她就獨自回憶父親一生善德行誼，在民國九十年四月父親第一次跌倒需要人照顧的時候，他們就登報請人到家裡幫忙，有一位歐小姐看到陳瑞鈴三個字，感覺非常熟悉，她就用心回憶，原來在六年前，這個歐小姐的丈夫三十出頭，得了鼻咽癌過世，窮得連買棺木都買不起，父親見了報紙報導，就匯款去協助，但因未留電話地址，所以，歐小姐從無法報答，因此耿耿於懷，沒想到今天她卻有機會報答回饋她的恩人。

　　陳女居士又說，回想父親十八歲的時候，就到了日本求學，舉目無親，家境清寒，只能半工半讀，老闆要重用他的時候，先測試他父親的誠實度，老闆就故意將這個錢丟放在地上，父親撿到錢之後，如數的交給老闆，從此獲得老闆的賞識。

　　老闆託付父親重任之後，父親經常進出銀行領取大筆的現金發放員工的薪資，有一次銀行多發給父親一疊厚厚的鈔票，父親發現又立即送還銀行，銀行的職員感激不盡，當天晚上，銀行的經理就跟這位職員找到父親的住處，前往答謝，老闆知道這件事之後，就更加賞識父親的為人，欲將唯一的獨生女許配給父親，由父親來承接家業，但是他的父親竟不為財所動，委婉的拒絕。

　　陳女居士說，回想她父親一生的善德行誼，大都能為人著想，而且特別重視家庭的倫理，小時候就教他們如何的感恩他人，修身養性，對長輩要盡孝道，對晚輩要愛護有加，對平輩要盡悌道。

　　父親往生的時候，許多人都回來家裡幫忙，許多朋友也都從遠地來助念撥空來誦經，參加父親的告別式，許多人都來追思父親這一生沒有白過，雖然父親走了，我們做晚輩的仔細回顧，覺得父親這一生，活得很豐富踏實，做了很有意義的事情，尤其他的善行跟善心，永遠活在我們子女的心中。

　　這是高雄陳瑞真居士敘述她父親一生，布施行善，為人不詐、不貪、不取，正直不諛的精神，談到她父親行善布施所得的這種善報，功不唐捐的意義可以在她父親的身上明顯的彰顯出

來。

我們也知道，在我們正德佛堂，正德醫院有很多的志工，義工長年累月的來護持三寶，有的真的非常的用心發心，好辛苦，當這些志工義工平時服務眾生，他們往生的時候，確實也在他們的喪儀公祭場合上，就有很多來自佛堂的信眾、志工、義工來為他們助念，參加公祭。

所以，我們人在世的時候，平時長期能多與人廣結善緣，當你往生的時候自然就會有很多人來為你助念，來為你誦經，參加公祭，甚至誦經迴向給你，以此誦經助念功德，可以協助你往生西方世界無所障礙，這就是善有善報，功不唐捐最好的明證。

為人平時要多為他人著想，多幫助別人，多服務眾生，這種人生才有意義不要老是為自己的事情忙，只為自己來謀福利，為自己打算計較，從不為他人來服務，為他人來謀福利，這樣的人生是狹隘的人生，是自私的人生，大家應要懂得功不唐捐這一句成語的涵義，相信我們一輩子所布施行善的功德終究會得到應有的福報，絕對不會平白的付出，終究受益的還是我們個人自己。

師父還是要勉勵大家平時，要付出你的心力、時間、精神、金錢來布施行善，來協助所有周遭受苦受難的眾生，來為社會國家眾生來謀福利，相信你的功德絕對是功不唐捐的，願以此與大家共勉。

乾隆皇帝母后往生天堂的故事

　　在清朝乾隆皇帝的母后往生時，就托夢給乾隆皇帝，請乾隆皇帝禮請國清寺的一位火頭僧來宮中，為她舉辦超度法會，來超度她能往生天堂。

　　皇帝就下了旨令，給國清寺的住持師父，說要禮請寺裡面的火頭僧來為皇太后舉辦超度法會。這個國清寺的住持師父，聽到皇帝的聖旨，可說是非常的驚嚇，晚上睡不著覺，白天吃不下飯，真的是廢寢忘食。

　　因為，這個火頭僧根本不識字，也不會誦經，也不會打法器，外表不莊嚴又醜陋，平時只是在廚房裡面煮飯燒柴水而已，連句經文都不懂，如何到宮中來主法誦經超度皇太后呢？

　　這個住持師父怕犯了欺君之罪，自從那一天接到聖旨之後，可以說心裡無法安定下來，吃不下飯，睡不著覺，但是，皇帝的聖旨難違，住持師父就依照皇帝的指示，在某一天，就到這個宮中搭建法壇，住持師父就帶領了幾十位出家僧眾來到這個法壇上，開始要誦經超度皇太后。

當這個火頭僧坐在法壇的中央主法時，所有的出家僧眾在法壇上，可說是唱得非常的莊嚴好聽，唯有坐在中間的主法火頭僧，竟是打起瞌睡來，因為他不會誦經、也不識字。

在壇下觀看的住持師父，嚇得七魂六魄都飛出雲霄了，他心在想等一下法會完畢，他一定會被皇帝斬頭的，法會場面盛大，在法壇的前面，皇帝帶著所有的文武百官親王，大家都在那邊參加誦經禮拜，大家看到台上中間坐的火頭僧打起瞌睡來。

等這個法會完畢之後，住持師父就帶著所有的僧眾回到國清寺，法會完畢的當天晚上，皇太后就托夢給乾隆皇帝說，皇兒啊，你應該要替我重重地感謝這位火頭僧，能為我誦經超度，我現在已經往生天堂了，你要好好的供養禮謝這位火頭僧還有國清寺的所有僧眾，因為這位火頭僧啊，他是地藏王菩薩來化身的，

所以他才有這種德力來超度我往生天堂。

乾隆皇帝做了這個夢之後，隔天就頒布聖旨，賜了很多金銀財寶還有上等的飲食、用具、醫藥來供養國清寺的僧眾，賜給火頭僧一件金袍。

這個國清寺的住持師父，這時候才知道，原來這個火頭僧，是地藏王菩薩來轉世化身的。

由這個故事，我們可了解，超度法會的功德力不在於你的唱誦多麼的莊嚴或你的法器打得多麼的響亮好聽，而是完全在乎你的誠心與德行，無論主法的法師或是底下參加誦經的信眾，都要團結一條心，要展現最大的誠心，專心一致，至誠至虔的心來誦經禮佛拜懺，有誠則靈，靠著法師的德力以及信眾的誠心力，此兩種力量自可產生無比的超度力量，則可超度所有的祖先亡靈及累世父母兄弟姊妹得以往生善道，離苦得樂。

所以，每逢佛事的超度誦經法會，參加的信眾一定要親自去參加誦經法會，而不是只報個名就可以了事了，就可超度我們的祖先及親人的亡靈，定要至誠之心，不可有二心，不可身在法會中，心在外面，專心一意跟著法壇上的法師一同誦經禮懺，自然會感動諸佛菩薩加持力量，來超度我們所有亡靈往生善道，自然業障消除，福慧增長。

一位末期癌症患者奇蹟獲救
重生的真實故事——錢敏

彰化分院義工錢敏師姊罹患末期癌症奇蹟獲救的故事

回顧以往，面對所發生一切，充滿了感恩，

原來當時看似逆境的種種，最後是要引導我認識正德，走向學佛之路，體會學佛之後心境的截然不同，生命恍如重新再造。

來自上海的新娘

　　我來自上海，目前住在彰化縣和美鎮，民國八十五年嫁到台灣。記得當時台灣大街小巷剛好在流行「愛拼才會贏」這首歌；我深深記住，人「愛拼才會贏」，所以為生活而拼，就是我人生的目標。

　　從小到大，從不懂得什麼是「佛法」，被教導的是要孝順父母，尊重師長，才是做人的本分。我是受過教育長大的，曾經在上海一家公司上班，所接觸到的，都是高知識份子，家庭也非常的和諧。在中國政策剛剛改革開放時期嫁到台灣，沒想到後來竟是一段失敗的婚姻，成為單親媽媽。當我聽到這首「愛拼才會贏」，我明白，必須要用智慧，在工作上努力，才能改善我的生活。

一向強壯的身體卻突然罹患癌症

去年六月，對我而言，是生命的一大轉折。因為一向健康的我，竟然被檢查出罹患卵巢癌，且已達末期。聽到這樣的消息，對我猶如晴天霹靂。看著醫生告訴我，「妳是白痴啊！任由卵巢腫瘤長得這麼大、這麼恐怖，才來檢查。」是啊！一向自認為身強體健，體重達六十五公斤的我，怎會想到有一天自己會與「癌」有關呢！何況未生病前，我的健保卡幾乎未留下就診紀錄的，即使是感冒，也只是喝白開水，讓身體自然痊癒。從小即使生病，就不喜歡打針、吃藥，因此，實在無法想像，我竟是癌症患者的事實。

身為單親媽媽，獨立肩負扶養孩子的壓力，為了實現我的夢想，不得不日夜不斷的打拼，工作對我而言，是精神上的寄託，往往是早上九點出門，晚上一、二點才回到家。我的人脈也非常的好，手機最高的紀錄，一天可以接七、八十通，每月的業績甚至可達到十萬元。常常是利用晚上的時間，與朋友一起去吃宵夜，舉凡羊肉爐、生鮮類或各式葷食補品，通通進到我的肚子裡。

記得從腹部摸到硬塊之後，不到一個月的時間，發現腫瘤長得很快，同事建議我快到醫院做檢查。但因工作太忙了，一直未進行檢查，拖到最後，真痛到受不了了，才去看醫生，沒想到檢查結果竟已是卵巢癌末期，醫生表示，必須住院開刀。原本日期

都排定好了，但最後因難以消除內心的恐懼，還是臨陣脫逃了。隔一、二天，朋友又建議，不然換別家醫院，再做進一步的確定。但檢查結果，答案都是一樣，醫生還說這顆腫瘤長得非常恐怖，可能只有三個月的生命。聽到自己的生命只剩下三個月，真是一時無法接受，哭了出來，我告訴自己絕不能死，孩子需要我啊！

身為長女的我，當初因違背父母親的意思，嫁到台灣來，此刻怎麼忍心讓他們為我的事傷心難過，因此，告訴自己無論如何也不回上海，死也要留在台灣。當知道自己的生命只剩下短短的三個月，只要能有活命的機會，我都抱著希望。其中有些朋友很熱心，帶我到台中一間密宗的道場，當仁波切瞭解我的狀況後，說要幫我做火供，參加每月的會員一千元，對金錢的觀念，我本來就是很慷慨，也很捨得布施，馬上就答應。後來，到正德聽了師父的開示，我才瞭解布施也要有智慧。先前的我就是缺乏智慧，經常購買雞、鴨、魚、肉，尤其是台灣特產薑母鴨、燒酒雞，我不但都學會了烹煮方法，也經常大顯身手，煮給朋友們共同品嚐，一次花費三千元、五千元不等，我從不吝嗇，現在才恍然明白，原來食肉因果自在其中。

殘酷的病發事實

我是行走地獄一遭再回來的人，看到師父出版的清涼法語「貧窮無慧、向善學佛、再造人生」這句話，讓我感觸良多。或

許對我而言，開刀也算是「再造人生」吧！然而，我卻不願意接受開刀，每次聽到別人要開刀，總感覺事不關己，如今自己遇到了，卻嚇得兩腿發軟，因為恐懼開刀之後的痛苦，於是，第二次要開刀時，我又落跑。

過了二、三天，肚子實在痛到受不了，朋友建議，再到另一家醫院檢查，同樣的答案、同樣的結果，一講要開刀我就落跑，如此在醫院三進三出，最後逼得肚子已經痛到無法再承受，才決定接受開刀。醫生告訴我說，開不開刀生命同樣只剩下三個月的時間，但是不開刀生命會提早結束。

尚未開刀時，我的肺部嚴重積水，連呼吸都有水泡，有時痛到半夜睡不著，只好到醫院掛急診。開刀前一天，安頓好孩子，晚上住到朋友家。剛好她們家供奉了一尊觀世音菩薩，朋友要我以虔誠的心，稱念觀世音菩薩聖號，祈求菩薩加持開刀順利。因為半夜常痛的睡不著，於是起來坐在菩薩的面前稱念聖號，念到不知不覺就打起瞌睡，不久又疼痛難當的醒過來，再繼續誦念，就這樣斷斷續續念到晚上九點，痛到我起煩惱心，於是，下定決心與病痛一搏。

就點一炷比較粗的香，祈求菩薩慈悲加持，心想如果真的能消除我的疼痛，我就相信佛法。就在持誦聖號中又睡著了，醒來時，感覺怎麼不痛了，真是奇妙。也許菩薩聽到我的祈求了！更不可思議的是，一般的香點燃一段時間，灰燼會自動掉下來，可

是那炷燃過的香灰卻遲遲沒動靜，我心裡疑惑的想著，既然不掉下來，我就一直持誦佛號到它掉落為止。就這樣持續到凌晨一點十五分，那炷長長的灰燼，終於似應聲落地的雞蛋一樣爆散開來，我整個人也被驚醒，不知怎的，眼淚似泉水般的湧洩出來，內心有股莫名的感動。隔天到醫院，打電話給一位同樣是佛教徒的朋友，說明開刀一事，朋友要我趕快稱念觀世音菩薩聖號，其實我早已開始持誦了。本來預定手術時間大概要四個半小時，結果，順利的縮短為二個半小時。心想，是不是菩薩的加持感應。尤其，當人在最無助時，通常只要感覺有一點點希望，都會想盡辦法去抓住它。就像一個即將溺水的人，突然在水面上抓到浮木一般。

病苦因緣結識正德

經朋友的介紹，知道有個正德佛堂，菩薩非常的靈感，出院的第一天，朋友隨即帶我前往正德佛堂，因為剛從醫院做過化療出院，此刻我的頭髮全部掉光，身體還非常虛弱，走路時須有人攙扶。

演如師父看到我，便說我一定常吃肉，殺業太重了。這些話讓我好懺悔，想到以前，確實三餐都必須有肉，尤其難以抗拒香腸的美味，有時明明吃飽了，仍禁不起誘惑，又買二、三條解饞。想想愛吃肉的程度，今天被剖肚子真是因果報應。師姊也勸我要吃素，只是延續三十幾年的葷食習慣，一下子要改變，對我

而言的確很困難。雖然聽得進去，但不見得做得到。而請示過程，月紅師姊所談及的許多道理，深深感化了我，不覺流下感動的淚水，領著菩薩指示的功課，滿懷喜悅的踏上回家之路。

其實，早在身體健康未出現狀況時，朋友就經常提到正德佛堂，並時常邀約我前往參加法會，但我都抱著敷衍、應付、不以為然的心態，認為那是在搞迷信的活動。而經歷這場病苦的因緣，讓一向「鐵齒」的我對佛堂的看法全然改觀，往後只要有活動我一定跑第一個，比誰都勤快。

在此，要感謝月紅師姊、淑雲師姊，她們是我心目中最莊嚴的美女，如果沒有她們在旁一直鼓勵我，我也不知道如何走出這段病痛的日子。今天大家看到我能以如此高亢有力的聲音講話，一切得感恩師父開創正德佛堂，讓我得以蒙受觀世音菩薩的加持，否則自己早就沒命了。如今有佛堂的師父、師兄、師姊等眾多人的鼓勵，我一定要挺起胸膛，勇敢的面對未來。

現在我每天早上起來，便認真的做功課、拜觀世音菩薩。未開刀時，我的癌症細胞指數原本高達四千多，開完刀後變為一千左右，直到上月，指數竟然已經下降到十五，我欣喜不已。於是決定開始吃素，朋友知道以後，不免責備的說：「妳有神經病啊！現在還在做化療，若缺乏抵抗力，怎麼有力氣承受；且萬一妳真的走了，怎麼對妳的父母親交代呢！一定要吃魚補傷口、吃肉補元氣，等做過化療，身體好一點了，再吃素吧！」我告訴

朋友，我都已經在菩薩面前發誓要吃素了，他們說：「發誓歸發誓，等妳身體好了，再來跟菩薩懺悔，反正菩薩又看不到！」聽聽好像也有道理，因為自己實在也不懂，認為那就喝魚湯、骨頭湯，其他部分不要吃就好了。

結果到了晚上，就做了一個非常恐怖的夢，夢到要買鵝肉回去給孩子吃，卻忘了帶走，再折回去時，卻在他們的廚房地板上看到被肢解的人手及雙腳，好像剛剛從冰庫拿出來，就靠在牆邊，一邊走，心裡想，莫非有人被分屍？一向富正義感的我心想，準備等一下出去，要馬上報警，這裡一定在從事不法的勾當，心裡正想著，突然後面來了一個聲音說：師姊我們老闆還兼賣人肉。我聽了大吃一驚，拔腿就跑，連鵝肉都不敢拿，騎著摩托車趕快逃離，因為太緊張了，結果摩托車摔倒在地上，驚醒過來，才知道我是在做惡夢。心頭不禁震了一下，我只動念頭說要吃肉，晚上就做了這麼恐怖的夢，就這樣，從那一刻起，徹底打消了我吃肉的念頭，並且將朋友從台中買來的魚，馬上把它處理掉。

閱讀《抗癌》書籍，調整飲食獲生機

我沒有吃過素，不曉得怎麼煮、怎麼吃才健康，就請教月紅師姊，只要任何對我身體有幫助的方式，她都非常有耐心地教我調理；此外，我也請了一本師父的著作《抗癌》回去閱讀，並依著裡面的方法去調整飲食。之前，這類的書我是從來不看的，認

為與自己無關；而現在，卻瞭解到它對我是如此的重要。因為對一個肚子被剖一個大洞，頭髮掉光光，裝上人工血管的人而言，這種痛苦是難以言喻的，所以，想保命就不能不注意飲食了。

經歷這場夢境後，目前我已吃全素。去年剛好正德佛堂彰化分院十五年週年慶，月紅師姊鼓勵我參加法會，心想反正在家裡也難過，不如來佛堂參加共修，看著文宣上寫著會主、副會主，我不懂意思，便一一請問月紅師姊，師姊説參加法會可以為自己及全家人消業障、植福田，而佛堂再以這些功德費拿來從事社會福利工作。我馬上二話不説，比照月紅師姊所參加的項目，自己也加入一份。月紅師姊關心我這個正生病又得獨立撫養小孩的單親媽媽，一下子要支出這筆費用，考慮到我的生活問題，老實説這筆錢對我的確很重要；不過我認為如果讓這些錢轉移到佛堂，集合眾人之力，應該可以幫助更多人，豈不是更有意義。

俗話説「傻人有傻福」，當時我也不知道這就是所謂的作功德，認為是為社會盡一己之力，因為這樣，讓我愈來愈接近更多的善知識，改變了許多之前的無明觀念。想想以往，結交的都是酒肉朋友，簽大家樂，台灣各種玩樂的方法我都學過，真的深感懺悔。現在才知道真正的寶是什麼，那就是「佛法」，目前「佛法」已是我心中最亮的一塊寶。

為了健康，我開始吃素，但未入戶籍的同修反對我吃素、學佛，每次看到我，就擺著一張臭臉，刻薄的對我説：「沒有用的

東西，還住在我家裡。」雖然心裡難免不悅，但想起師父說過，即使受到別人的傷害，也要以喜悅的心去接受，或許這樣的考驗，正是菩薩指示我的功課。

每次到正德佛堂，總感有一種莫名的喜悅；有天翠燕師姊來電，說佛堂需要大家幫忙持誦《地藏經》迴向，每人可以結緣十部，問我要不要與大家結緣，我馬上答應。她說功德無量，可是我不懂什麼叫功德無量，其實，我是抱著消磨時間、消磨我的痛苦、不要有時間讓我生煩惱，所以我每天以虔誠的心，拼命持誦《地藏經》，在誦念時真的很開心、快樂。心想，這大概就是所謂的法喜吧！

重業輕報，堅定佛法的信念

如果生病對我而言，是逆增上緣，則那些曾經給我逆境的人，尤其，我那位未入戶籍的同修，未嘗不都是我的逆增上緣。至今想到他，仍不免有恨意，需要的時候，把我捧在手上；我患了癌症，即百般的冷淡，甚至在外面盡說我的壞話。以前那些酒肉朋友，自我生病後，個個失去蹤影，讓我體會人生現實的一面。也認清楚什麼才是真正的朋友，生病是我此生最大的轉折，正德給了我第二個生命，讓我重見光明。因此，我告訴自己：只要還有一口氣，只要正德需要我，我一定全力以赴的護持，以報答這份再造之恩。

三個月的日子，一天天的過去，當準備做第四次化療時，有一天，突然又摸到右胸長出一顆很大的瘤，心想莫非這些醫生所提，我剩三個月生命的時日已到的徵兆；心裡又開始慌亂，是先去看醫生？還是到正德佛堂請示觀世音菩薩該怎麼做？最後還是決定隔天早上，直接到正德佛堂請示菩薩。

菩薩指示，此乃今生所食所殺、有意無意所傷害的一切眾生都已找上，必須為自己所傷害的這些眾生超拔二十遍；累世祖先超拔六遍；累世配偶超拔三遍；滅定業真言十六萬聲；藥師琉璃光佛一千聲，須於五個月內圓滿功德。

而之前的功課都還未完成，要如何來完成這些功課，於是加緊利用早上的時間，每天虔誠不間斷的持誦，月紅師姊教我準備一杯水，念完後喝下。就在誦經過程中，同修常不給我好臉色看，想想自己是一個即將命終的人，任由他去吧！這是心境上很大的不同，因為在我未學佛時，內心對他是充滿著恨、不甘願，認定死也要死在他家，讓他難堪，內心充滿報復念頭，一直揮之不去；直到接觸佛法，漸漸學會以慈悲心去寬容別人，知道不必拿他的錯誤來懲罰自己，所以，現在的我，內心是非常平靜自在的。

剛開完刀的那段時間，身體相當的虛弱，想到還有兒子要照顧，萬一有一天必須面對死亡，他是我唯一的罣礙。曾聽過師父於開示中提到要有預立遺囑的觀念，於是提筆寫好遺書，

註明死後保險金將提撥五十萬捐給正德，一百萬元留給孩子當生活費。並告訴兒子：「若有一天媽媽真的走了，這封遺書交給淑雲阿姨，不准任何人插手，處理後事剩下的錢，叫外婆帶你回上海。」把後事交代清楚，就全心全意的做功課、誦經、拜佛。

經過三個月，回來佛堂請示菩薩，關於這顆瘤的狀況，菩薩指示，先到醫院做檢查。醫生診斷之後表示，沒關係！只是一顆青春痘。聽到這樣的答案，我好激動，因為菩薩的慈悲，讓我得以重業輕報，因為任誰也難以相信如此斗大的青春痘會長在胸部，當我聽到醫生的報告，我激動得要哭出來。但還是半信半疑，興奮的趕回到家，對著觀世音菩薩說：「如果這回真如醫生所言，我絕對護持正德，我相信佛法，不再說它是迷信的宗教，也一定渡化家裡的人學佛，讓我把佛法傳到中國大陸去。」

隔天早上，我照往常做早課、念佛，做完早課迫不及待跑到浴室，用手去擠擠看，結果啵、啵兩聲，剎那噴出了夾帶黃膿的血水，我知道自己有救了，感動的流下淚水，久久無法克制，是喜悅；也深感懺悔，好感恩菩薩的慈悲加持。從那刻起，我對佛法的信念更加堅定了。

回到佛堂遇到演如師父，她說我的氣色愈來愈好，要我對菩薩有信心，要加油，並要我時常回來正德當義工，相信身體會恢復得更快。聽到這些話，我很感動，也很感恩。在正德我得到許多的關懷，每次做完功課，迴向給師父，感謝師父的鼓勵，不斷

的給我信心。之前對佛門的一些誹謗，讓我好慚愧，出家人為弘法利生，將自己奉獻給眾生，渡化這麼多眾生，脫離苦海，是多麼偉大的情操，想到以前的無知，更覺罪過了。

　　記得第一次做化療時，因還沒有吃全素而便秘，常會痛到受不了而前往醫院掛急診。現在吃全素，再也沒有便秘的現象，醫生看我狀況愈來愈好，問我說怎麼改善的，我告訴醫生，是依照正德佛堂的常律法師所著作的《抗癌》書上方法去做而獲改善的，並拿一本與醫生結緣，醫生拿起來看一遍，就親自介紹另一位正在做化療的患者讓我認識，要她也能看這本書。可見師父這本《抗癌》的功效。後來，我把這位患者，帶到我們正德佛堂請示，她也是照菩薩指示的功課回去行持，並開始吃全素。她告訴我：「我相信妳，看到妳，就好像看到了希望，因為妳抗癌的過程，就是一個活生生的例子。」

殷殷期待的興奮時刻——迎接師父

　　記得去年底，聽說師父要從美國回來，讓我好興奮，因為師父是我的救命恩人，若沒有師父創辦正德佛堂，讓我獲得觀世音菩薩的感應加持，就沒有現在的我。於是，我懇切的祈求菩薩，讓我有機會，得見師父一面，如此，即使他日真的往生了，也會感到值得了。

　　終於，師父從美國回來了，適逢冬天，為了預防感冒，所以

我穿很多的衣服、包上頭巾,戴著帽子,雖然每個人投以異樣的眼光看我,但我一心一意只想看到師父,根本顧不得這些了。那晚,我如願的看到了師父,愉悅的行走於回家的路上,感覺好法喜、好快樂。記得當回到家時,恰巧同修也剛好開車回來,只見他對我投以兇惡的眼光。但此時的我,早已不在乎,因為我真的很開心。我不斷的告訴自己,一定要戰勝病魔,證明自己可以站起來。

直到現在,住在上海的父母親,還不知我在台灣歷經一場與死神交戰的大難。距醫生宣判,我只能存活三個月的生命之時間,至今快一年了,我的身體也在逐漸康復中,而正德佛堂更是我最有力的靠山。

師父智慧法語的感化力量

每次聽到師父開示,是我最大的收穫,師父說:「人生最大的悲哀、不是所有的災難、也不是身體的病痛、更不是生離死別、而是生命將盡、我們的人格心靈卻沒有昇華、那才是最大的悲哀。」聽到這樣的開示,總令我感動,甚至激動的想跪下來向師父磕三個頭,感恩師父給我這麼多的教導,如大夢初醒,懺悔自己以前浪費這麼多時光。

慈悲的師父為了救渡罹患癌症者,不斷提醒大家,一定要運動,一定要吃全素,還要行持三定法:「定時當義工、定時做功

課、定時做功德。」我也期許自己，如果有一天，我的病情真的
痊癒，有足夠體力，一定要穿上正德的制服來當義工。即使未來
往生不能往生西方，也要穿上正德的制服去見閻羅王，告訴閻羅
王至少我還有功德。

目前，我的身體已漸漸好轉，今天能穿上正德這件制服，覺
得好榮幸、好喜悅，發現自己的生命力愈來愈強，再度燃起生命
的火花。如果沒有這些逆境，如果沒有同修強留我在台灣，怎會
有今日認識正德、親近佛法的機緣。

師父說：「人活到一百歲不修福慧、不如活一天勤修佛
法。」回顧以往，面對所發生一切，充滿了感恩，原來當時看似
逆境的種種，最後是要引導我認識正德，走向學佛之路，體會學
佛之後心境的截然不同，生命恍如重新再造。如今我更能理解師
父蓋建僧伽癌症醫院的悲切，因為救一個癌症患者，等於救了一
家人，此刻我深深體會。希望大家一起來成就這件有意義的盛
事。阿彌陀佛！

**＊錢敏居士，為感謝菩薩救命之恩，現發心投入正德員工行列，
服務大眾。**

正德佛堂觀世音菩薩靈感事蹟

發燒不退，醫生檢查不出病因，誦經超拔而痊癒，不可思議

　　人生不如意之事十之八九，千百人有千百種苦，苦苦盡不相同，有很多的信眾在煩惱、痛苦，而又求助無門的情況下，都會來到正德佛堂祈求觀世音菩薩能夠指引迷津，化解心中的苦難。

　　高雄總院有位資深會員李居士，她的先生在台電公司服務，每天固定正常上下班，生活也很有規律。但在去年的年底，有一天下班後，突然人覺得很不舒服，而且連續幾天發燒不退，緊急送醫住院檢查，但醫生也找不出原因，雖然有做了細菌培養，但需費時多日。

　　此時，李居士想想這樣也不是辦法，因為她是我們正德佛堂很虔誠的信眾，於是便馬上來到佛堂請示觀世音菩薩。

　　在李居士非常虔誠的按照菩薩的指示，超拔一些亡靈及做功課、功德迴向那些亡靈離苦得樂後，不可思議的是，隔天中午，她先生的燒已漸漸的退了，三天後醫生便告訴他可以出院了，而且也順利回去上班了。至於在醫院，醫生為他所做的細菌培養，其報告顯示只是小小的感染而已，她先生的身體狀況都已恢復正常。

　　李居士的先生並未學佛，但由於這次的事件，讓他感受到正德佛堂觀世音菩薩的靈感，當時剛好佛堂在舉辦新春三千佛洪名寶懺法會，他便很虔誠的帶著太太和兒子一起來禮拜三千佛，並藉以感謝觀世音菩薩的大慈大悲，讓他能有健康的身體繼續工作及親近三寶。

一位美國小女孩關懷無數的寄養家庭孩子的愛心故事

一位美國小女孩名叫麥肯，當她七歲的時候，遇到兩個寄養孩童將自己所有的物品塞在垃圾袋中，當她看到這一幕時，她開始就搜集一些填充動物和行李袋來寄送給這些寄養的孩童。

美國的寄養孩童孩子，他們身邊所擁有的東西是少得可憐，而且經常被託寄在這個寄宿家庭之間，搬過來搬過去，麥肯她在每一個袋子裡面除了放入這個泰迪熊，還有一些文具用品，還附帶了一張親筆寫的紙條，來鼓勵這些寄養的孩子。

在一九九八年，麥肯和她哥哥在父母的協助之下，她創辦了一個孩童心手相連機構，不久她就收到了一萬五千元美金的補助金，隨後，這個小女孩又募得了五萬多元，接著又在自己的組織架設了一個網站，她呼籲大家要捐這個泰迪熊及行李袋送給寄養家庭的這些孩子。

從那個時候開始，捐款、捐行李袋、捐泰迪熊的玩具就源源湧入孩童心手相連這個機構，麥肯的這個愛心行動的故事，激勵了數以千計的人們，紛紛捐款、捐玩具行李袋給麥肯，她甚至也收到美國前任總統柯林頓和名嘴歐泰瑞等名人所捐贈的玩具。

　　人們可以將捐贈的物品直接寄給麥肯，也可以自行搜集袋子和填充玩具直接寄給當地的社會服務處，再由社會服務處將這些捐贈的物品分別送給這個寄養孩童，在美國有超過三萬名孩童在寄養家，麥肯她希望說，能送一個袋子和填充玩具給每一個孩童，溫暖他們的心。

　　麥肯也是一名在全國性比賽當中表現傑出的短棒打者，她甚至可以在一天當中，挪出三個小時來練習她的短棒技巧，根據她的母親說，麥肯她管理時間管理得相當好，麥肯搜集這些填充玩具還有行李袋，送給寄養家庭的這些孩子，她的善舉，無非是希望在社區內有影響力的人，能多關心無家可歸的寄養孩子，讓孩子能感覺大人的世界是很溫暖慈愛的。

　　麥肯就是他們的一個啟示，一個靈感，麥肯希望藉著這個她的關懷，能引起大人們對全美國寄養孩童們付出一分的愛心，

希望大人們都來關懷在寄養家庭的這些寄養孩童，讓這些孩童未來能擁有大人的關懷，他們的心靈在他們成長的過程當中，充滿溫馨，也充滿對社會的這種信心，這是麥肯她要捐給寄養孩子玩具、行李袋和文具的最主要的宗旨跟目的。

大家想想看，從這個故事當中，我們可以體會到說，僅僅一名七歲的麥肯小女孩，從小就擁有這種悲天憫人的愛心，能主動關懷社區裡面寄養家庭的孩子，看到這些孩子的玩具用物少的可憐，她小小的心靈就能發揮這麼大的愛心，也呼應了社會一些名人，包括美國總統柯林頓，都捐寄泰迪熊給她。

麥肯將這些來自十方八面捐過來的泰迪熊跟行李袋，就轉捐給全美國寄養家庭的這些孩子們，這種義舉行動，意味著每一個人都應該隨時發揮你的愛心去關懷周遭所有需要關懷的孩子們及貧窮的孩童，也讓他們從小時能獲得社會的溫暖，建立他們對人社會的信心，這也是一種愛的教育。

所以，我們不要只關心我們家裡的孩子有無這個玩具或文具用品可用，我們更要關心周遭尚有無數貧困的孩童沒有文具、玩具可用，沒有學費可繳，假使身為大人都不懂得關懷這些貧困孩童他們的食物營養用具，我們真的不如一位七歲的小女孩的愛心，所以麥肯小女孩的這個愛心舉動是值得我們大人來好好思維學習的，無非對紛紛擾擾的社會注入一股溫流。

五毫七分的價值

　　二十世紀初，美國費城浸信會教會門口有一個啼哭的小女孩，牧師看見了就上前問她：「妳怎麼了？」小女孩哽咽的說：「有太多小朋友了，教室沒有位置了！」

　　牧師看著這位小女孩衣衫破舊，也不似其他小朋友被父母裝扮的乾淨整潔，牧師心想，主日學孩子多了，這位從貧民窟來的孩子自然地就被擠出教室了！牧師牽起女孩小小的手，走進教室

找了個位置讓小女孩坐下來上主日學，這位小女孩因為牧師的愛很感動，心裡很感恩，在她心中暗暗下了一個決定……

兩年後，在貧民窟的小女孩因為生病而死亡了！女孩的父母知道小女孩生前常常到這個教會上主日學，於是請了牧師來幫小女孩舉行告別式。牧師抱起了小女孩，有東西從小女孩身上滑落。牧師撿起來，是一個破舊的錢包，從裡頭抽出一張字條，幾個歪歪斜斜的字落在上頭：「這是獻給神，要把小小教會建得大一點，讓更多的小朋友能上主日學。」錢包裡頭的總共有五毫七分，牧師大哭。

這件事被寫下來，傳了出去，有一位地主看到了，決定要將一塊地賣給這個教會，以「五毫七分」的價錢賣出。如今這塊地成為三千三百人教會、主日學大樓還有一座醫院。小女孩費盡全力到她死前才存五毫七分，實在無法估量五毫七分到底是「多麼的少」，但它卻成就「何等大的事」。

您是否常常認為自己很渺小的當著「無能為力者」，很多的想法還沒付諸行動前，就活生生的被浩大的現實壓死了，我們活得比這位貧民窟的小女孩苦嗎？

小女孩小小心靈，身歷其境有感而發，臨終時，以微薄的力量，發了大願捨去全部的錢財五毫七分，拋磚引玉實現了她的願望，讓後世更多的人沐浴在主耶穌懷抱裡；反觀，世上尚有很

多富貴人家，一輩子積蓄很多的錢財，縱使自己用不到，寧願留給子孫揮霍成為敗家子，也不願意布施行善，利益眾生，利益自己。

師父曾説：世上有兩事無法彌補——

一、父母在世時不知行孝，等父母往生後方知報孝，可後悔但無法彌補行孝道。

二、人命在世時不知行善，等人命臨終前方知行善，可後悔但無法彌補行善道。

為何身體健在時，平時不願行善學佛，等身體病危時，方知行善學佛，但為時已晚矣！行善學佛不及時，更待何時？師父發願蓋建癌症醫院，救度眾生的生命及慧命，尚須社會大眾共同努力完成。不論是富貴人家或是貧窮人家，應當效法小女孩的精神，發揮更多的光和熱，創造財物與生命更高的意義價值！

不結善緣之果報

《佛說比丘疾病經》極具教化意義，茲擇要摘譯如下：

佛遊舍衛國祇樹給孤獨園時，有一比丘病得很嚴重，孤單單一人，無人作伴、照顧探望，更無人供給醫藥、飲食、衣被，不能起居作息，惡露穢物流出，身臥其上。環顧四週，竟無一人願意來救護他，於是便無奈地哀聲嘆氣。

此時，阿難見狀便回去稟報佛陀說：「大慈大悲的世尊啊！現在有一位病苦的比丘，正需要您去救度喔！」

佛陀聽了，就告訴阿難說：「我在過去世無數劫時，曾經救過這位比丘，而今世仍然要救護他。」佛於是開示了這段因緣。

在過去久遠世時，有一偏僻空曠的地方，聚集了多位學習神仙五通之術的學者，在此獨修。他們彼此勸勉鼓勵，修習道業，互相照應生活起居，並各自去找尋果實回來，大家一同分享。若有人患病，就輪流看顧照料，彼此關心。

但其中有一位摩那學志，每當別人有急難時，就避開不管，或有其他學志生病，他也不去關懷探望別人，自私自利、無有慈心，不與人結善緣。因此，當他遇到困難時，就孤獨無助，無人救護。罹患重病，也沒有人來關心照顧，更沒有人拿食物果實來

給他充饑養病，實在可憐！

此時，有一位和尚，見此情形，心想：這個人如此孤獨，無親無戚，無人救援，於是心生憐憫，來到摩那學志的住處探望。將他扶起，並帶他回到自己住所照顧治療，勸他安心養病。此和尚即佛陀前身，摩那學者即現之病比丘也。

這位病比丘，在過去世修習外道學術時，自恃強健，孤僻不與人親近，不廣結善緣，不關心同伴，遇到他人有難，皆做壁上觀，不幫助別人，以致眾人都對他厭棄背離。等他生病危急時，就無人願意伸手援助，父母兄弟又相距甚遠，無救無歸，孤苦伶仃臥病在床，無親朋好友善知識來問候，亦無人供應醫藥飲食臥具，照料生活起居。此世出家亦同，不瞻視人，不問訊疾病，故得此報。若非遇到慈悲的佛陀，拔濟苦難，悉心治療，摩那比丘恐怕早已命喪黃泉了。

　　善惡罪福皆有報應，平日應多施恩與人，處處與人結善緣，遇到困頓危厄時，才有貴人扶持、相助。若平時慳吝不肯布施，不關懷別人，自恃豪強，一旦無常降臨，色身不能作主，親朋好友皆悉遠離，不來顧視支援，孤苦無依，徒喚奈何，後悔已遲矣！

　　就如正德癌症醫療機構要蓋建慈善癌症醫院，向社會大眾募款，有些人認為自己不會罹癌，不可能到正德看病住院，不願施捨分文，捐助癌症醫院建院經費，將來罹患癌症或重病時，才要來求助正德，屆時恐怕愛莫能助，因將來的癌症醫院必人滿為患，一床難求也。若非正德的長期會員、志工、義工，無法安排住院，要求師父慈悲開緣，師父也愛莫能助。

　　所以，布施行善要及時。有錢的時候要多施捨財物飲食，濟助貧窮，有時間、能力時要多做義工、志工，奉獻勞力，協助孤苦弱勢者。隨時隨地關心別人、幫助別人，對慈善公益事業要熱心參與、協助，尤其正德做的都是真正利益眾生的大事，更要全心投入，廣為宣傳。有錢出錢，有力出力，共創安詳健康的社會，人間才有溫暖，才能成就淨土世界。如果人人都自私自利，不關心別人，一旦災難降臨、疾病纏身，也就呼天不應，叫地不靈了。善惡業報，如影隨形，終不滅亡，願大家皆能發大善心，捐助醫藥基金，成就大功德事，讓癌症醫院早日蓋成，廣救眾生病苦，阿彌陀佛！

隨喜功德

隨時隨地讚美別人所做的善事，則對方必感歡喜，當
促使他更加發心長期廣行善事，利益更多眾生

「隨喜」就是隨順歡喜，也就是說看到別人做了善事，不管
他做得多或少，我們都要隨時歡喜的讚嘆對方，譬如說：有人發
心建慈善醫院、孤兒院、老人院或寺院，甚至遇到需要救助的窮
人，我們都能隨緣發心捐助一筆錢，這也算是隨喜做功德，而且
不管所做的功德是多、是少，福報都是平等的。

佛陀在世的時候，舍衛城有一位窮困的孤女蘭陀，時常去聽
佛陀說法，看到一些富家的子弟，都能隨心所欲的以名貴的東西
供養佛陀，而她自己卻連一頓飯都得向人乞食，哪有東西可以供
養佛陀呢？身無分文的蘭陀為自己的貧窮經常暗自心傷，後來，
蘭陀了解自己之所以遭遇貧窮的因果關係，知道唯有布施才能轉
變貧窮的命運。

有一天，蘭陀乞到一件舊衣，她很高興，就用這件舊衣換了
一文錢，再用一文錢買了一盞小小的油燈，蘭陀滿心歡喜，她終
於如願的在佛前點一盞燈了，她在佛陀面前合掌頂禮，至誠的、
懇切的發出她內心的願望，她說：「願這盞燈的光明，能夠去除

我多生以來心中的愚昧慳貪，消除過去的罪障，得到大智慧，世尊佛陀啊！懇請慈光加被，照破弟子歷劫以來的無明吧！」

隔天，天未亮時，目犍連尊者一一搧熄燈火，最後只剩下蘭陀女的燈火，卻是怎麼搧都搧不熄，目犍連尊者覺得很奇怪，無法了解，就去請示佛陀，佛陀說：「這盞燈不是你用手就能搧熄的，即使是用四大海的海水想將它澆熄，或運用神通威力也無法使它熄滅，因為這盞燈是代表蘭陀女堅定的菩提心，難捨能捨是真布施，其布施的功德不可思議。」

一個人在布施的時候，若是有輕慢心，或是有施恩望報的企圖，則他布施所得的功德必定相對的減弱，就算布施很多的東西，也會變為有漏的功德；布施不在物的大小，而在於發心的懇切與否。《金剛經》上說：「菩薩於法，因無所住而行布施。」布施應無任何祈求回報的意願和心念，這才算得「三輪體空」的究竟布施。

隨喜的反面就是「嫉妒」、「瞋恨」，見不得人好，別人有榮耀或名譽的事情，自己心中就不是滋味，進而想辦法破壞，使對方身敗名裂，無法立足於社會，如此才覺得高興，殊不知成就別人就是成就自己，打擊別人到處結惡緣，其實就等於在障礙自己，這就叫做「損人不利己」，吃虧的還是自己哦！

佛在《四十二章經》中這樣說：「惡人害賢，猶仰天而唾，

唾不至天，反從己唾；逆風揚塵，塵不至彼，反噴己身；賢不可毀也，使必滅己。」意思是說，惡人要害賢人，好像對天吐口水一樣，口水吐不到天，反而會吐到自己；也好像逆風在灑砂子，砂子無法灑到對方，反而會灑到自己。

當今的工業社會，我們的日常生活、食衣住行，樣樣都需互相扶持、互相依靠，才能使大家各得其所，而士農工商各階層的人，站在自己的崗位上，默默在打拼，為我們服務，我們也應該體恤他們的辛苦，並隨喜讚嘆他們的辛勞——唯有他們的努力，才能使我們的生活得到各種方便。但「隨喜」二字不只是口頭上的讚嘆而已，而是要發自內心的歡喜，才能得到實質的功效。

為什麼會有這種隨喜的功德呢？一個人若能隨時隨喜讚嘆別人所做的善事，則對方必感覺歡喜，當促使他更加發心廣行善事，利益更多眾生，那麼你自己也會感到快樂歡喜，如此雙方都得到利益，這就是自利利他的功勞，並體認別人的辛苦，讓人家得到歡喜心，得到安慰，而自己也有歡喜心，這樣自然就有功德，那麼人間就處處有溫暖、有喜氣了。

希望人人隨時都能做到隨喜讚嘆的功德，使人間更加歡喜、更加快樂。

正德佛堂觀世音菩薩
靈感事蹟

孩子依菩薩指示，誦經超拔之後，會考上師大，果然
應驗，菩薩真靈感

　　台北分院有位資深且非常發心的勸募志工廖彥誠居士，他的
二兒子是個非常聰明的孩子，卻不肯用功讀書，眼看九十五年度
的大學聯考就要開始了，還不知道要填報哪一所學校，於是，他
就請宜蘭分院志工蔡居士到佛堂請示觀世音菩薩。**請示結果，他
兒子會考上台北師大，但有地基主、過去世配偶、冤親債主等對**

象，須要為其辦理超拔並做功課、功德迴向。

一切都按照菩薩的指示去做，大學聯考放榜後，廖居士的兒子果然考上台北師大。原本他兒子一直想唸高雄中山大學化學系，但因這孩子的個性大而化之，又從來沒有自己一個人離家在外生活過，故做父母親的為了此事都非常的擔憂、煩惱，還好放榜後，考上台北師大，讓父母親大大鬆了一口氣，因此這位居士非常讚嘆我們正德佛堂觀世音菩薩的靈感。

佛說有佛法就有辦法，心誠則靈，只要我們虔誠地依教奉行，均能如願以償。又師父也時常為我們開示：平時要做好「三好一公道」：第一好要時常做功課；第二好要時常做功德；第三好要時常做義工，所謂一公道，即時常行菩薩道，如此行持，人生自然光明幸福。

以上案例的當事人，都是發菩提心，平常就做好行善布施的工作，累積福德資糧，因此，當他們遇到人生中無法解決之事，或是任何疑難雜症，均能很快逢凶化吉，迎刃而解。以此和大眾分享，盼大眾能有所體悟，即時斷惡修善，累積福德因緣，今生便能諸事吉祥，體證菩提，往生西方世界無障礙。阿彌陀佛！少造業，多念佛。

一位好萊塢明星贊助
癌症慈善機構愛心的故事

曾擔任電影冷山一片女主角，因精湛的演技，榮獲二〇〇四年奧斯卡金像獎最佳女主角獎的好萊塢明星 Renee Zillweger（芮妮齊薇格），她是一位贊助癌症慈善機構的一位愛心的女明星，僅管芮妮齊薇格，她在好萊塢的電影界大放異彩但是她個人，仍然保持謙虛，平易近人的個性，她是如何優雅的面對她擁有這種巨星的地位呢？

她是透過家人非常強力的支持，芮妮她跟她家人永遠都保持那種親密的關係，她和她的雙親和哥哥，一向維持親近的感情，經常她在這個拍電影的當中，都會接家人的電話，時常跟家人保持一定時間的連繫，她的父母親也一直十分的支持芮妮的演藝生

涯，也教導芮妮，她要為她所擁有的每一件事物心存感恩。

而令芮妮最感激的就是，她支持贊助癌症慈善機構的這種熱度從來不減，她為什麼如此積極的贊助這個癌症慈善機構？就是她有位室友因為得了癌症而透過癌症慈善機構的協助治療她室友，戰勝了癌症，所以令她覺得，支持這個癌症慈善機構，是向那些救她朋友一命的人們，表示崇高敬意的一種方式。

那麼，芮妮她下一步的動作是什麼，她打算說在二〇〇五年，要與好萊塢最有名的男主角羅素，共同演出另一部影片。芮妮齊薇格在去年也曾經來到我們台灣訪問，在電視上，看到她平易近人和藹可親的笑容態度，完全沒有一點大明星的架勢跟傲氣，令人留下深刻的良好印象。

當記者訪問她是如何面對她所熱愛的電影工作，芮妮很委婉的回答記者說，我很努力工作，我熱愛我的工作，而且我很幸運能做我所熱愛的事。

在好萊塢很多的明星當中，能像芮妮這樣的熱愛支持這種慈善團體善行的明星其實不多，所以，一個人，假使心常存善念，她無論從事哪一行業的工作都能得到這種善德力量的加持，而一路順暢，會常得貴人提攜，而順利成就她的事業，這就是所謂善有善報的最佳印證。

　　尤其，芮妮因為她一位好朋友，罹患癌症而得到癌症慈善醫院治療進而獲救，所以，她為了表達她對這慈善癌症醫院救了她朋友一命之恩，她從此開始大力的支持贊助這個癌症慈善機構，也正吻合我們正德慈善醫療機構及正德中醫院未來要蓋建正德癌症醫院的理想與願景是不謀而合的。

　　一個好萊塢的大明星，會因為她的朋友，被一家癌症慈善機構治療癌症而被感動，激發了她的愛心，所以，日後正德慈善癌症醫院蓋建完成，大家可以想像，有多少癌症患者會因為我們正德癌症醫院的完善治療，而救了他們的生命，而這些癌症病患的親友也都會因為他們的親人得到正德癌症醫院的救助，定會感動更多的親友而發心投入慈善機構的行列，並感恩三寶的慈悲救渡，也會喚起更多人的善根菩提心來皈信佛教學佛，那麼，我們的社會學佛的人越多，社會就會越安定，因多一個人學佛，社會就多一份安定的力量，所以癌症醫院它所帶來的這種社會教化及安定的力量可說是非常的強大。

　　將來正德癌症醫院所肩負著不只是救度眾生的生命，更肩負了廣度無量眾生歸依佛教，還能啟動大家的善根，這種治病教化的功能意義實在太大，更值得我們大家積極用心的，一個勸化一個，一度十，十度百，大家共同來護持正德癌症慈善醫院的偉大建設能早日完成，未來大家功德無量無邊。

常行布施，利人又利己

昔日，佛陀在舍衛國祇樹給孤獨園為大眾說法，當時城中有一位富豪長者名叫沸疏，其擁有數不盡的財富珍寶。沸疏到了適婚年齡時，便從門當戶對的望族中，迎娶一位才德出眾的女子。後來，夫人懷孕產下一女，此女相貌莊嚴，端正殊妙，且一出生額頭上即有一串珍珠。長者及夫人見了非常歡喜，都認為是吉慶之兆，便請來城內的命相師來為女兒占卜相命。命相師即依此女出生時之瑞相，為其命名「珍珠鬘」。

珍珠鬘長大後更加娉婷動人，且性情賢善慈悲，遇有孤苦貧窮、老弱之人前來乞食，即解下珍珠布施，但不可思議地，其額上又會自然地長出珍珠。而她的慈悲心贏得眾人的敬重，沸疏夫婦對她更是疼愛有加。

當時須達長者聽聞有關珍珠鬘的行誼，乃派遣差使至沸疏家中，表明須達長者要重金下聘，迎娶珍珠鬘為兒媳婦。珍珠鬘知道這消息後，便哀泣著向父母乞求：「若要我嫁作須達長者的兒媳婦，他的兒子定要發誓與我一起出家；若對方不答應，我寧可不嫁。」沸疏夫婦因愛女心切，於是向須達長者表明女兒的心意。須達長者知道後，很快地便答應了這項請求。

婚後不久的珍珠鬘夫婦，體悟了生老病死等無常之苦，乃心

生出離，一起來到佛前請求出家。佛陀答應了他們的請求，並對他們說：「善來比丘、比丘尼，鬚髮自落，法服著身！」珍珠鬘夫婦現了莊嚴的出家相，並各自精進修行，不久便證得羅漢果位。

當時比丘見此情形，甚感奇特，請求世尊開示珍珠鬘夫婦出家證果之因緣。佛陀即為大眾開示：

過去賢劫時，迦葉佛在波羅奈國的鹿野苑為眾比丘說法，當時有一位長者阿沙羅知道迦葉佛正在此國弘化度眾，乃發願言：「我應當勸說城中所有民眾，上至國王、下至平民百姓，不分貴賤，把握此次難得因緣，成就無遮大法會，以獲得大法益。」於是阿沙羅騎著白象，遊走於市集間，處處勸化諸人成就無遮法會。

一日，有位婦人頭戴珠寶，見到阿沙羅正在勸化，於是歡喜地解下珠寶布施。回到家後，婦人的丈夫發現她頭上的珠寶不見了，問道：「妳頭上的珠寶怎麼不見了，你送給誰呢？」婦人答言：「今日有長者阿沙羅在城中勸募人民布施，以籌辦無遮法會，供佛及僧，這麼殊勝難得的因緣，怎可錯過？所以我將珠寶供養布施。」丈夫聽了，不但不生氣，反而取出更多珠寶來布施，且發願言：「願我來世莫墮入三塗惡道，且生生世世常有珠寶隨我而生。」

佛陀告訴諸比丘，由於珍珠鬘夫婦過去布施珠寶，其供佛及僧的殊勝功德，故今世得值佛世出家得道。諸比丘聞言，莫不歡

喜，依教奉行。

【省思】 佛家言：「富貴由布施而來，貧窮由慳貪而來，布施不但是一種慈悲的表現，也是解除苦惱，戒除貪念的法門，因為布施是容易行持的一件事。」然而，觀今社會，絕大多數之人皆致力於追求財色名利及滿足永無止盡的欲望，殊不知貪則近貧，更是將自己捲入生死輪迴的漩渦裡啊！是故，若不想墮入六道生死輪迴，出脫無期，並尋求內心的富裕與清淨，便須立即努力廣行布施。

布施的方式，大致可分為：

一、施捨財物給人家的財施。

二、為人講經說法、闡述一些人生道裡，勸人改過向善的法施。

三、舒解寬慰人家的煩惱、痛苦、恐怖、緊張與打擊的無畏施。

每一種布施方式都是非常容易且隨時隨地皆可行持的，而布施不但可以治窮，亦可常常心生歡喜，何樂而不為呢？

布施乃是以有形財物、言語、行為，轉化為無形真實的福德，只要我們以恭敬心、不分別心來布施，即能斷除貪瞋癡，身心清涼自在，擁有光明幸福的人生。非但如此，布施亦可幫助他人脫離困境、遠離苦惱，亦可留德與子孫，庇蔭子孫，故言布施是一種利人利己之行為。願此與大眾共勉之，阿彌陀佛！

一位癌症患者發心分送師父善書，癌症痊癒感應事蹟

有一次，聽到一位罹患癌症末期的高雄信眾患者，從患病至完全康復的心路歷程感言中，她說了一件事值得我們省思學習的，她說：「當我每次去醫院做化療時，一定會帶著師父的著作，贈送給我所見到的每一位患者、家屬。」

她說：「那時我的心念只想著自己的生命已經到了盡頭，顧不得有沒有面子、好不好意思的問題了，只想盡心盡力去把手中的善書贈送出去讓更多人，不致於和我一樣承受病苦，能離苦得樂。」也因此累積了自己的福德，無形當中救人無數，反而讓自己的命運也因此改變了，如今她的病好了，只因一念善心一個動作改變了她的人生。

師父創辦正德弘法大道場，讓我們有修福、修慧機會，而有些人卻不明瞭師父創造因緣讓我

們有修福的機會，一本善書可救人於無形當中，知道把握機緣，盡心盡力去做的人並不多，這麼好的因緣都讓它白白流失掉，想想我們是否能像那位師姐一樣在最後一刻能有這樣的時間、生命來做善事呢？

我們應該去珍惜這樣的好因緣，不要再想著選擇此份工作要不要做、想不想做或者等待有一天會去做，人生在世善因緣不常有也稍縱即逝，切莫等待錯過任何為善之因緣，免得遺憾人生。

總之，想想為什麼他人的人生是越走越光明、健康、吉祥，大事化小，小事化無；而自己的人生卻起起起落落或越低落，原因都在我們自己一直都在錯失善因緣，以及植福、修慧的機會，不懂得珍惜福報，創造善因緣，不懂遵循善知識的教導，在佛門中的每一份工作都是讓我們消業、修福、修慧的好因緣，從這份救人濟世的神聖工作中去領悟人生意義，人生就會光明吉祥了，願與大眾共勉之。

法寶破黑暗

　　時常聽到信眾、老菩薩參加一、二次共修會後，就不再參加了，師父偶爾遇到老菩薩就會問說：「為何沒來參加共修會？」老菩薩說：「師父，我不認識字，看到大家都這麼會念經，我都看不懂，不好意思參加。」我告訴老菩薩：「同修會的老菩薩很多都不認識字，但是她們很喜歡參加共修，與大眾共修久了，自然而然就很會念，菩薩也會加持，連大悲咒很難念的字都背起來了。」倒反而年輕人背不起來。

　　所以，不要小看共修會的力量，一年三百六十五日，總有一天會將經文念得滾瓜爛熟。不可寧願守在家裡顧孫、聊八卦、談是非、看連續劇……也不願意參加共修會，如此浪費生命，徒勞無功！

　　有一則故事可為最好的印證，有一間寺廟的藏經閣裡，放了很多經書，因為放置很久了，有潮濕發黴的現象 。一位師父，就把所有的經書全部搬到廣場曬太陽。不久，隔壁的農田有一隻吃草的牛，不知何時，已悄悄的走到廣場，正在用牠的鼻子隨意翻開一頁，好奇的看了又看，嗅了又嗅。

　　此牛被師父發現，師父深怕牛弄髒經書，所以將牠驅回農田吃

草。但因此因緣，不久，牛往生了，投胎為人，得遇三寶，聽聞佛法，深入經藏 。當他看到前世，當牛時所看到的那一頁經文時，熟習而有所悟，啟發了他的菩提心，最後出家修行，證得果位。

佛說：「人身難得，佛法難聞。」當把握因緣，安排固定時間共修之外，每星期四、五晚上八點至九點；星期六、日九點至十點於佛衛慈悲台電視弘法講座，多聽常律法師開示，讓靈性多薰修佛法，靈性提高，福慧自然增長。

《心地觀經》云：「法寶能破一切生死牢獄，猶如金剛，能壞萬物；法寶能照癡闇眾生，猶如日光，普照世界；法寶能破世魔，證無上菩提，猶如金剛甲冑；法寶能照破三途之黑暗，猶如明燈；法寶善誘眾生達寶所，猶如險路之導師；是名法寶不思議之恩。」

人命無常如朝露，出息雖存入息難保，莫自恃盛年財寶勢力，懈怠放逸。不論老少，富貴貧賤皆悉磨滅，壽盡魂魄墮落三途，後悔莫及！

正德佛堂觀世音菩薩靈感事蹟

船長於海上被船員砍成重傷，生命垂危，家屬依菩薩指示誦經念菩薩聖號，終於脫險，正德佛堂菩薩靈感救命，全家人非常感恩

「聞是觀世音菩薩，一心稱名，觀世音菩薩，即時觀其音聲，皆得解脫」，故眾生於受苦逼迫之時，千萬不要作無謂的呻吟，只要專心一意的稱念觀世音菩薩聖號，即可消災解難。

觀世音之所以得名觀世音，乃因聽聞眾生稱名之音聲而尋聲救苦得來，故觀世音菩薩大慈大悲救苦救難之精神，乃是無苦不救，無生不度。因此眾生於受苦受難之時，若能一心一意的稱念觀世音菩薩之名，觀世音聽聞眾生稱名之音聲，即便尋聲而往，解除其痛苦，使之不再受到痛苦的纏縛。

正德高雄總院有一位信眾的先生是位船長，當時他所行駛的船，來到大西洋的海上，結果發生被船員殺傷臉部和頭部的慘劇，而此船按照行程要再三天才能靠岸，因此事件發生之時，大家都極為恐慌，雖然及時為船長止血縫合，但其陷入昏迷狀態，並有生命之危險。

　　船長之家屬接獲船公司告知情形後，傷心欲絕，在此極度悲傷的情況下，朋友介紹他們來正德佛堂請示觀世音菩薩，有何方法可以化解此災難。船長的太太來到佛堂時，人因過度地悲傷，而顯得恍惚，語無倫次，並哭倒在地，一直吵著要去看她先生，令所有在場的人，不知所措。在經過大家安慰她請觀世音菩薩去照顧、加持她先生之後，這位信眾總算平靜下來開始請示。

　　請示結果：菩薩指示此為因果業力及許多無形眾生干擾所造成的，需要超拔其干擾對象，做功課、功德，一心虔誠稱念觀世音菩薩，並請家屬放心，只要依照菩薩的指示去做，菩薩必會加持船長，令他早日渡過難關，平安回來。

　　約過半個月後，這位船長果真平安歸來了，而且還親自到佛堂來禮拜諸佛，感恩觀世音菩薩救了他一命。當時大家看到他時，都嚇了一跳，傷口實在太大了，臉部的傷痕從左到右，橫過整個臉，因為是在緊急情況下，草草縫合的，所以傷口像一條大蜈蚣，甚是恐怖，有點像鐘樓怪人；除此之外，又有一條傷口從額頭中央延至兩眼中間。可見這位兇手是想置他於死地，幸好我們大慈大悲的觀世音菩薩憫念眾生而救了他，否則已不在人間了。

　　從以上這個分享的典故與實例，我們可以深深體會到觀世音菩薩的慈悲之心，佛在《觀世音菩薩普門品》云：「若復有人，

臨當被害，稱觀世音菩薩名者，彼所執刀杖，尋段段壞，而得解脫。」其意是說：如果有人無故被害或災難臨頭時，只要一心一意稱念觀世音菩薩之名，則欲加害於你的人，其手中所持之刀杖、凶器，會立即損壞斷裂，因而使你免除災難，得到解脫！

人們之所以有刀杖之難，都是一種惡報因緣，或現世、或過去世所造。通常召感此惡業之人，本是在劫難逃，但現因誠心依照菩薩所指示的方法去做，以及一心一意稱念觀世音菩薩聖號，其所感的善因緣力量，化解了種種苦難。故在此，懇請大眾少造業、多念佛，一心一意稱念觀世音菩薩之名，得以消災解厄，諸事吉祥，國運昌隆，世界和平，阿彌陀佛！

國家圖書館出版品預行編目資料

常律法師說故事／常律法師著.

第一版——臺北市：知青頻道出版；
紅螞蟻圖書發行, 2009.06
面；　公分. ——（大智慧；4）
ISBN 978-986-6643-79-8（平裝）

224.515　　　　　　　　　　　　98009017

大智慧 4

常律法師說故事

作　　者／常律法師
美術構成／引子設計
校　　對／周英嬌、朱慧蒨、常律法師
發 行 人／賴秀珍
榮譽總監／張錦基
總 編 輯／何南輝
出　　版／知青頻道出版有限公司
發　　行／紅螞蟻圖書有限公司
地　　址／台北市內湖區舊宗路二段121巷28號4F
網　　站／www.e-redant.com
郵撥帳號／1604621-1　紅螞蟻圖書有限公司
電　　話／(02)2795-3656（代表號）
傳　　真／(02)2795-4100
登 記 證／局版北市業字第796號
數位閱聽／www.onlinebook.com
港澳總經銷／和平圖書有限公司
地　　址／香港柴灣嘉業街12號百樂門大廈17F
電　　話／(852)2804-6687
新馬總經銷／諾文文化事業私人有限公司
新加坡／TEL:(65)6462-6141　FAX:(65)6469-4043
馬來西亞／TEL:(603)9179-6333　FAX:(603)9179-6060
法律顧問／許晏賓律師
印 刷 廠／鴻運彩色印刷有限公司
出版日期／2009年6月　第一版第一刷

定價250元　港幣83元

ISBN 978-986-6643-79-8　　　　　　Printed in Taiwan